Ich bin Petrus – wer bist du?

Kinder
Gottesdienst
Gemeinde

Eine Buchreihe für die Praxis –
herausgegeben in Verbindung
mit dem Württ. Evang. Landesverband
für Kindergottesdienst

Die Deutsche Bibliothek – CIP-Einheitsaufnahme

Ich bin Petrus – wer bist du?: Mit Puppen erzählen, spielen, feiern; Gestaltungsvorschläge, Bastelanleitungen, Spieltexte für Kindergottesdienst, Kindergarten, Schule und Gemeinde / Marlies Bachmann ... (Hg.). – 1. Aufl., – Leinfelden-Echterdingen: Verl. Junge Gemeinde, 1993
(Kinder, Gottesdienst, Gemeinde)
ISBN 3-7797-0330-0

1. Auflage
Umschlag und Typografie: Dieter Kani, Stuttgart
Zeichnungen und Illustrationen:
Marlies Bachmann, Langenfeld/Rhld.
Satz, Druck und Bindearbeiten:
Wilhelm Röck, Weinsberg

ISBN 3-7797-0330-0

MARLIES BACHMANN / JÜRGEN KOERVER / RÜDIGER MASCHWITZ (Hg.)

Ich bin Petrus – wer bist du?

Mit Puppen erzählen, spielen, feiern

Gestaltungsvorschläge
Bastelanleitungen
Spieltexte

für
Kindergottesdienst
Kindergarten
Schule und
Gemeinde

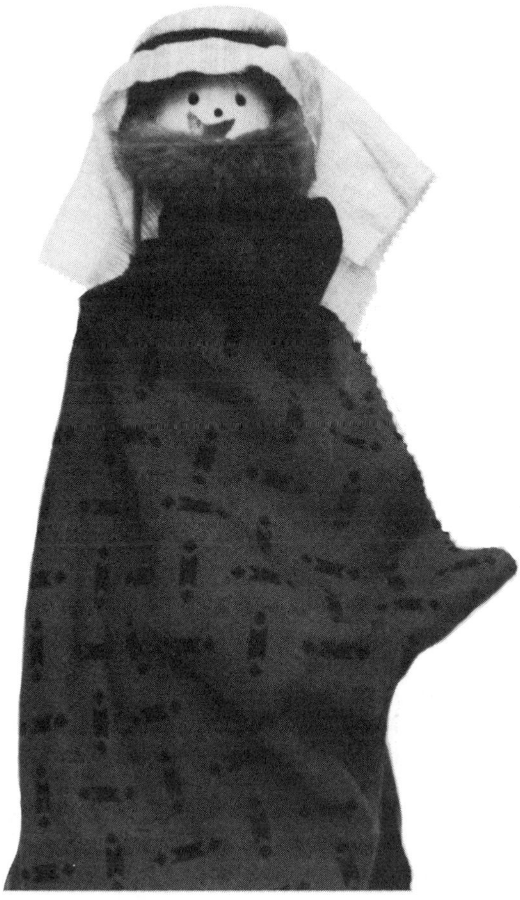

Verlag Junge Gemeinde

Inhalt

Wie das manchmal so geht ... – Eine Art Vorwort 6
Eine kleine Geschichte vom und zum »Einstieg« ins Puppenspiel

I. Was man wissen sollte 9

Warum eigentlich Puppenspiel? 10
Eine Begründung, falls (sich) jemand fragt: Was soll das?

Wie ein Puppenspiel entsteht 14
Es wird geschildert, wie in einer Kindergruppe mit Hilfe von Puppen die Pfingst- und Folgegeschichte entwickelt wird.

Wie man spielend erzählt und erzählend spielt 19
Hier erfahren wir, wie der Umgang mit Puppen Helferinnen und Helfern zum Erzählen hilft und wie sich dabei Puppenspiele ergeben.

Wie wird gespielt? 23
Ein lockerer Bericht, was Jörg und andere alles mit Puppen gemacht haben – einschließlich der Fehlschläge.

Was wird gespielt? 27
Hier geht es um die Frage, welche biblischen Geschichten für das Puppenspiel geeignet bzw. weniger oder gar nicht geeignet sind.

Wo wird gespielt? 32
In diesem Kapitel werden Gelegenheiten für das Spiel mit Puppen in der Gemeinde vorgestellt und Möglichkeiten erörtert.

Was auch noch dazu gehört 36
Puppenspieltechnische Fragen wie Bühne, Kulisse, Requisiten, Beleuchtung, Geräusche und Regie werden hier behandelt.

II. Wie man Puppen macht 43

22 verschiedene Puppenarten (siehe dazu Verzeichnis auf Seite 44) werden vorgestellt, jeweils mit der Einteilung:
»Das sollte bedacht werden« / »Das wird gebraucht« / »So wird's gemacht«
Dazu eine oder mehrere Zeichnungen.

III. Was einem mit Puppen passieren kann 91

Eine bunte Sammlung von Erlebnissen und Geschehnissen rund ums Puppenspiel – nicht nur zur Erheiterung.

IV. Puppenspieltexte 99

Der Bärenberg 101
Eine Mutmachgeschichte (zum Weiterspielen)

Rotschopf 104
Eine Geschichte zum Thema »Fremde unter uns« (zum Weiterspielen)

Wie es dazu kam, daß man den Geburtstag von Jesus feiert 106
Ein Anspiel zusammen mit der Weihnachtsgeschichte und Liedern

Wie Lukas die Weihnachtsgeschichte schrieb 111
Ein Anspiel mit Überleitung zur Weihnachtsgeschichte

Der große Fischzug 118
Beispiel für die Erzählung mit einer Puppe

Aber was war vorher? 120
Ein Anspiel zur Entstehung der Schöpfungsgeschichte

Wie die Geschichte von Jona »erfunden« wurde 123
Ein Anspiel zur Entstehung der Jona-Geschichte

Jona – und seine Folgen 126
Ein Nachspiel zu der Jona-Geschichte

Der verlorene Sohn 129
Kombiniertes Rollen- und Puppenspiel – mit Liedern

Hallo, Kaiser Augustus, kannst du mal kommen? 138
Die Weihnachtsgeschichte als Puppenspiel

David und Goliath 143
Ein Spiel mit Spülmittelflaschenpuppen

Fünf Brote – zwei Fische 147
Ein Puppenspiel zu Johannes 6: Die Speisung der Vielen

Josef 150
Ein Puppenspiel zu 1 Mose 37

Oh, ist unser Bauer dumm! 157
Tierhandpuppenspiel zum Gleichnis vom vierfachen Acker

V. Hilfreiche Literatur 160

Wie das manchmal so geht ...

Eine Art Vorwort

Der Kindergottesdienst ist zu Ende. Die Kinder sind weg; nur die Helfer stehen noch in der Kirche beisammen und unterhalten sich.
»Nächsten Sonntag erzählst *du* wieder!« sagte Marco enttäuscht zu Kerstin.
»Red' keinen Quatsch, Marco!« erwidert Kerstin, »ich finde, du hast – wie immer – gut erzählt. Ich weiß selbst, wie schwer es ist, die Kinder Sonntag für Sonntag zu begeistern. Heute waren sie alles andere als gut drauf. Ich hatte gleich das Gefühl, da ist heute der Wurm drin ...«
Kerstins Worte beruhigen Marco kein bißchen. »Ach, diese verdammte Unruhe!« knurrt er. »Ich kann mich einfach nicht konzentrieren, wenn einige Kinder miteinander reden. Nee, wie gesagt: nächste Woche kann ein anderer erzählen.«
»So ein bißchen Unruhe! Kann doch mal sein, oder?« mischt sich Heiko ein. »Kinder müssen sich eben ständig bewegen. Das ist doch ganz natürlich. Und machmal sind sie etwas lauter als sonst. Was soll's? – Und deine Erzählung fand ich wirklich spannend!«
»Einige Kinder wohl nicht,« sagt Marco trotzig. »Dabei hab' ich mich so gut vorbereitet!«
Sarah, die jüngste Helferin, hat die ganze Zeit nur zugehört. Als sie Marco so jammern hört, wird sie ungeduldig. »Nun mach mal 'nen Punkt, Marco. Wir wissen alle, daß du gut erzählen kannst. Wenn die Kinder trotzdem unruhig sind, dann hat das sicher seinen Grund. Und den hab' ich, glaub' ich, erfahren – aber erst, als der Kindergottesdienst schon zu Ende war. Nämlich: Gestern gab's in der ›Theaterbühne‹ ein Puppenspiel: ›Jim Knopf und die wilde Dreizehn‹. Und da sind sie fast alle gewesen.«
»Ach so ist das! Dann wird mir einiges klar!« ruft Kerstin. »Deshalb waren einige Kids so aufgeregt, haben ständig getuschelt und gekichert! Na ja, so ein Puppenspiel wie ›Jim Knopf‹ oder ›Lukas, der Lokomotivführer‹ ist eben was Originelles. – Hätt' ich übrigens auch gern gesehen ...«
»Klar, ich auch!« meint Heiko. »Aber, Leute – wie wär's, wenn wir über solche Sachen mit den Kindern sprechen, ich meine: vor dem Kindergottesdienst? Das ist schließlich für sie und für uns wichtig.«
Marco brummt zustimmend und nickt.
»He – ich hab's!« schreit Sarah plötzlich. »Wie wär's, wenn *wir* den Kindern mal mit 'nem Puppenspiel kämen? Also ...«
Kerstin ist sogleich begeistert. »O ja, das wär mal was anderes. Ein Puppenspiel – toll!«

»Wie stellt ihr euch das denn vor?« fragt Heiko. »Das können wir doch gar nicht. Wir sind doch keine Profis und so!«
»Das gewiß nicht«, sagt Sarah. »Ich dachte nur, es kommt dann etwas Abwechslung in den Kindergottesdienst. Warum sollten nicht mal Puppen die Geschichte erzählen und zugleich spielen?«
Sarah ist von ihrer Idee ganz begeistert. Kerstin auch. »Ein Puppenspiel – warum nicht? Ich denke, unsere unruhigen Geister konzentrieren sich wieder besser, wenn wir die biblische Geschichte ab und zu mal spielen. Und stellt euch vor: wir basteln Puppen! Vielleicht sogar mit den Kindern? Und jede Puppe sieht anders aus, bewegt sich anders, hat eine andere Stimme und so. Das verführt die Kinder geradezu, zuzuhören und ja auch zuzusehen!«
Kerstin ist jetzt richtig in Fahrt.
»Habt ihr doch gerade erlebt: Gestern haben sie das Puppenspiel gesehen – und heute noch war das bei ihnen lebendig, beschäftigte sie. Puppen faszinieren eben. Wenn wir unsere Geschichten mal mit Puppen spielen, dann werden sie ganz neu lebendig und interessant. Nicht wir, sondern die Puppen erzählen, reden miteinander, handeln und so. Also: wir spielen die Erzählung, sozusagen.«
»Na ja«, sagt Marco. »Ist natürlich was dran. Manche Geschichten werden sicher viel lebendiger und anschaulicher. Zugegeben. Aber wißt ihr auch, worauf wir uns da einlassen? Puppenspiel bedeutet ...«
»Bedeutet 'ne Menge Arbeit!« fällt ihm Heiko ins Wort. »Puppen basteln und 'ne Bühne bauen und Texte schreiben und ...«
»Ach was«, sagt Sarah. »Ist ganz einfach. Du brauchst 'nen Holzstab. Da drüber stülpst du Stoff für ein Kleid. Dann steckt man den Stab mit Tuch ein Stückchen in 'ne Styroporkugel. Das ist der Kopf. Jetzt brauchst du nur noch ein bißchen Wolle als Haare draufkleben und das Gesicht aufmalen. Fertig ist die Stabpuppe!«
»Na, so einfach ist das ja wohl nicht mit dem Puppenmachen«, kontert Heiko. »Solche geisterhaften Schlotterdinger – also nee. – Die Puppen müssen doch anders aussehen und genau der Rolle entsprechend, die sie spielen. Also, ich meine: Ein Bettler muß nicht nur wie ein Bettler aussehen: schmutzig, geflicktes Kleid und so, er muß sich auch wie ein Bettler verhalten in seinen Bewegungen. Und das muß man ja wohl erst mal rauskriegen.«
»Na, das läßt sich doch üben,« erwidert Kerstin. »Wenn man die Puppen hat.«
Jetzt mischt sich Marco ein. »Demnächst sind Osterferien und dann kommt kurz danach das Thema ›Pfingsten‹ im Kindergottesdienst dran. Ob sich Puppen eignen, die Pfingstgeschichte darzubieten?«
Kerstin meint: »Warum nicht? Ich könnte mir die Jünger ganz gut vorstellen, so als Puppen. Vier Jünger genügen. Sie sind zusammen und beraten, wie es nach Karfreitag und Ostern ohne Jesus weitergeht. Der eine ist sehr traurig, ein anderer sagt kaum was, weil er keine Hoffnung mehr hat, ein dritter sagt

was Tröstliches, und der vierte erinnert an die Zeit mit Jesus. Und so nach und nach fassen sie Mut, die frohe Botschaft weiterzusagen und …«
»Hmm, ja …« sagt Heiko. »So irgendwie könnte es gehen. Bloß: Ich hab' noch nie so eine Puppe gebastelt, geschweige damit gespielt. Und ich wär' auch mehr für Handpuppen, so wie im Kasperletheater. So an einem Stecken … ich weiß nicht …«
»Oder noch besser: Marionetten!« meint Marco.
»Viel zu schwierig!« erklärt Sarah. »Ne – wir machen erst mal was ganz einfaches. Ich hab' da so was in einem Buch gesehen. Ich zeig's euch mal. Und dann nehmen wir uns in den Osterferien einen Tag Zeit, basteln Puppen und probieren mal, damit zu spielen. Marco kann ja schon mal einen Text entwerfen, so was wie ein Drehbuch.«
Marco grinst. »Immer ich!« sagt er. »Ich hab soooviel zu tun.«
Aber in Wirklichkeit sieht er schon den ersten Satz vor Augen: Die vier Jünger sitzen da und Petrus sagt: »Nun laßt den Kopf nicht hängen, Freunde! Es wird schon gut werden …!« *Ewald Schulz/Jürgen Koerver*

*

So geht das ja manchmal: Die Mitarbeiterinnen und Mitarbeiter im Kindergottesdienst oder in der Jungschar, die Vorbereitungsgruppe »Gemeindetag« oder ein Kinderbibelwochenteam, eine Grundschullehrerin oder die Kinderhortleiterin »entdecken« plötzlich das Puppenspiel …
Und dann kommen die Fragen: Wie kommen wir an Puppen für unser Vorhaben? Soll man die kaufen (falls es sie überhaupt gibt), kann man die selbst machen? Woher nehmen wir ein brauchbares Stück oder machen wir selbst etwas? Was benötigen wir sonst noch?
Diese Fragen – wenn schon nicht alle, so doch viele – versucht unser Buch zu beantworten.
Wir wünschen Ihnen und Ihren zukünftigen kleinen und großen Zuhörern und Zuschauern viel Freude beim Puppenspiel! *Die Herausgeber*

I.
Was man wissen sollte

Warum eigentlich Puppenspiel?

1. Das Puppenspiel befreit zum Sprechen

Ich erinnere mich an mein erstes Puppenspiel vor Kindern. Die Gruppe der Zweitkläßler saß erwartungsvoll vor mir. In der Hand hielt ich den »Kartoffelstampfer-Petrus«. Vorsichtshalber lag auf meinem Schoß der Text. Ich erzählte als Petrus davon, wie Jesus am See Genezareth zu ihm gekommen war und wie er und sein Bruder zu seinen Jüngern wurden. Als »Petrus« seinen Bericht beendet hatte, begannen die Kinder ein Gespräch mit ihm. Nicht mit mir, der Erzählenden. Sie schauten die Figur an und stellten Fragen an *sie.* Das war damals für mich eine völlig neue Erfahrung. In der Rolle des Petrus versuchte ich zu antworten und das Gespräch weiterzuführen. Ich merkte an mir selbst, wie ich mich immer besser hineinfand und immer freier wurde. Das Konzept auf dem Schoß war vergessen.
Dieser ersten Erfahrung folgten viele weitere. Auch an den Kindern konnte ich beobachten, wie sie plötzlich Worte fanden, die ich ihnen nicht zugetraut hätte. Besonders dann, wenn sie Zeit hatten, sich einige Wochen mit derselben Figur zu beschäftigen und sich in ihre Rolle hineinzuversetzen. Im spontanen Spiel mit Rede und Gegenrede fanden sie Argumente, konnten ihre Position verteidigen und nachgeben, trauten sich plötzlich zu, sich gegen andere durchzusetzen. Und das alles, weil die Figur in der Hand ihnen dazu die Sicherheit gab.
Übrigens habe ich dieselbe Beobachtung auch an vielen Erwachsenen gemacht. Manchen fiel es zunächst nicht leicht, alte Gewohnheiten aufzugeben. Beispiel: In einem Puppenbau-Seminar sollten zwei Sonderschullehrerinnen gemeinsam mit einem Pfarrer ein Gespräch zwischen Christen der Urgemeinde spielen. Anschließend berichteten sie, wie es ihnen beim Spielen ergangen war. Die beiden Frauen sagten: »Mit Herrn X. hatten wir es schwer, der wollte uns immer eine Predigt halten.«

2. Das Puppenspiel kann eine helfende und heilende Wirkung haben

Viele Therapeuten setzen das Spielen mit Puppen und Theaterfiguren ein, um Probleme aufzudecken, die sie mit ihren Klienten dann bearbeiten können. Dazu gehört eine psychologische Ausbildung, die die meisten von uns nicht haben. Das Puppenspiel im Kindergottesdienst verfolgt ja auch vorrangig andere Ziele. Trotzdem sind die helfenden und heilenden Aspekte auch mit da.

Schon die Herstellung der Figur ist für viele ein Erlebnis. Kinder und Erwachsene können gleichermaßen hingebungsvoll stundenlang an einer Figur arbeiten. Sie entdecken auf einmal Fähigkeiten an sich, die lange Zeit verschüttet oder noch nie gefordert waren. Ein älterer Herr, der bislang nur wissenschaftlich gearbeitet und sich zuerst gesträubt hatte, eine Figur zu machen, strahlte: »Ich hätte nie gedacht, daß ich so etwas könnte!«

Beim Herstellen und Ausgestalten fließt sehr viel von ihrem Schöpfer in die Figur mit ein. Nicht alleine, wie geschickt oder ungeschickt die Finger arbeiten, auch die Wahl des Stoffes und seine Farbe, die Farbe der Haare, die Frisur und die Bemalung des Gesichts machen Aussagen über den Hersteller und die Herstellerin. Manche gestalten unbewußt sich selbst oder wie sie gerne sein möchten. Die verrücktesten Frisuren sind möglich und die schrillsten Farben. Mancher kann hier einmal ein Punker sein, der es sich im richtigen Leben nicht zu sein traut.

Beim Spielen wirkt die Figur auf die anderen Spieler. Sie nehmen unbewußt die in der Ausgestaltung begründeten Signale auf. So kann die Figur Sympathie oder Ablehnung hervorrufen, unabhängig von der Rolle, die sie spielt.

Beim Spielen tritt der Spieler oder die Spielerin hinter die Figur zurück. Selbst wenn er die Figur nur auf einem Finger hat (Fingerpuppe) und ohne Bühne spielt, richten sich die Blicke aller Mitspielenden und der Zuschauer auf die *Figur.* Das befreit den Akteur zum Sprechen. Er verliert seine Hemmungen gegenüber den Mitspielern und den Zuschauern. Denn – anders als im Rollenspiel – hier steht nicht seine Person im Mittelpunkt. Die Puppe bietet Schutz. Sie ermöglicht das Aussprechen und Zeigen von Gefühlen auch gegenüber Personen, bei denen man es sonst vielleicht nicht wagen würde (Gruppenleiterin, Pfarrer, Lehrerin ...). Die *Puppe* scheint in dem Augenblick verantwortlich zu sein für das, was sie sagt; nicht der Sprecher. Macht sie etwas falsch, fühlt sich der Spieler davon nicht betroffen. Wird sie jedoch gelobt, bezieht der Spieler das auf sich.

Die Puppe macht es einerseits möglich, Gefühle auszusprechen; andererseits schaltet sie während des Spielens die Gefühle aus, die sonst die Beziehung in der Gruppe belasten. Schwierige Kinder sind voll mit dabei, weil sie jetzt in der Rolle der Puppe gesehen werden. Der Zwang der Rolle erleichtert es manchem Kind auch, seine Überaktivität besser zu kontrollieren; es wird gezwungen, sich selbst zurückzunehmen.

3. Das Puppenspiel bringt biblische Texte neu zur Sprache

In meiner bisherigen Arbeit habe ich dem spontanen Erspielen biblischer Geschichten immer den Vorzug gegeben vor festgelegten und nachzuspielenden Theaterstücken. Im freien Erspielen bringen die Teilnehmer/innen sich viel stärker selbst mit ihren Erfahrungen und ihrem Verständnis des Textes mit ein. Das Geschehen kann sich so entwickeln, wie es dem Gefühl der Beteiligten entspricht. Dabei treten die Erfahrungen der Spielenden untereinander und zum Text in einen Dialog. Möglicherweise erschließen sich dadurch völlig neue Verstehensweisen. An den Geschichten werden Einzelheiten entdeckt, die bis dahin unbeachtet blieben; Aussagen bekommen ein anderes Gewicht.

Im Anschluß an ein solches Spiel ist es nötig, daß die unbewußt gespielten Erfahrungen in einem Gespräch bewußt gemacht werden. Erst dadurch werden die neuen Seiten einer Geschichte angeeignet und dem eigenen Erfahrungsschatz beigefügt.

Ich werde oft gefragt, ob es in meinen Spielen auch einen Jesus als Puppe gibt. Lange Zeit habe ich gemeint, ich könne ihn nicht als Figur bauen und auch nicht auftreten lassen. Eine Figur ist immerhin ein Ding, das völlig unter meiner Verfügungsgewalt steht, das ich dirigieren und sprechen lassen kann, wie ich es will. Wie verträgt sich das mit der Unverfügbarkeit Jesu? Kann ich durch ihn sprechen? Spricht er nicht vielmehr durch mich? In letzter Zeit hat sich meine Auffassung gewandelt. Wenn ich glaube, daß Jesus wahrer Mensch *und* wahrer Gott ist, dann kann ich ihn auch als Figur auftreten lassen. Vielleicht lehren mich die Geschichten durch ihn eine neue Sicht seines Menschseins. Vielleicht rückt er mir ein Stück näher, wenn ich im Spiel seine Verzweiflung, seine Trauer oder seine Nähe zu den Menschen nacherlebe.

Am Puppenspiel ist der Spieler mit allen Sinnen beteiligt. Konflikte werden gesehen, und im Spiel werden handelnde Lösungen gesucht. Sie werden erprobt und eventuell verbessert. Das geht natürlich nur, weil die Spieler über die Figuren ihre eigenen Erfahrungen einbringen. Die Lösung eines Konflikts kann wiederum ihre eigenen Erfahrungen bereichern. Puppenspiel fördert also die Ganzheit des Menschen.

Von vielen Gruppen werden die mit Figuren gestalteten biblischen Geschichten in einem Gottesdienst oder bei einem Gemeindefest einem Kreis von Zuhörern und Zuschauern zugänglich gemacht. Auch ihnen kann sich die biblische Botschaft dadurch neu erschließen. Durch eine ungewohnte Darstellung, durch die Zugänge über das Auge und das Ohr findet die Verkündigung neue Wege zum Menschen. Möglicherweise rührt sie ihn an, so daß er sich mit seinen Erfahrungen in den Menschen der Bibel wiederfindet.

4. Das Puppenspiel fördert Kreativität und Phantasie

Wenn die Spielerin oder der Spieler nicht durch Vorgaben festgelegt ist, dann kann er sich in der Gestaltung seiner Figur voll entfalten. Mit den einzelnen Stadien der Herstellung wächst die Idee davon, wie sie einmal aussehen könnte. Ich erlebte einen Jungen, der die Perücke für eine Kartoffelstampfer-

figur machte. Sie sollte lange, dunkle Haare bekommen, Zöpfe, Pferdeschwanz o. ä. Als ich ein zweites Mal hinschaute, hatte die Figur einen dunklen Wuschelkopf. Beim dritten Mal sah ich nur noch dunkle Haarstoppeln. Der Junge war zufrieden.
Wenn auch beim Spielen die Rolle nicht in allen Einzelheiten festgelegt ist, dann bleibt viel Raum für die eigene Kreativität. Mit der Spielfigur muß der Spieler sich eventuell in eine andere Zeit und in einen anderen Lebensraum versetzen. Er muß wissen, wie es dort aussieht, welche Berufe es damals gab, wie die Menschen lebten usw. Das, was der Spieler in anderen Zusammenhängen gelernt hat, z. B. im Kindergottesdienst oder im Religionsunterricht der Schule, kann er nun anwenden. So kann er seine Figur mit Leben füllen. Vielleicht merkt er auch, daß er dazu nicht genug weiß. Dann bekommt er möglicherweise Lust, sich näher damit zu beschäftigen, vielleicht in Büchern nachzuforschen: Ich bin ein Händler auf dem Markt von Jericho. Was könnte ich verkaufen? Feigen, Seidenstoffe, Teppiche? Woher bekomme ich die Ware? Mit welchem Geld wurde damals bezahlt? usw.

5. Das Puppenspiel fördert das Leben in einer Gruppe

Kinder von 6–7 Jahren leben noch in einer sehr auf sich selbst bezogenen Welt. Sie erleben sie aus ihrer Perspektive. Durch eine Puppe werden sie vielleicht zum erstenmal gezwungen, sich in eine andere Rolle zu versetzen, d. h. die Welt mit den Augen eines anderen wahrzunehmen. Sich in andere hineinversetzen können, ist ein wichtiger Schritt auf dem Weg zu einer gelingenden Gemeinschaft. Die Puppe in der Hand kann diesen Schritt erleichtern. Sie erinnerte daran, daß man zur Zeit in eine andere Rolle geschlüpft ist.
Über seine Spielfigur tritt der Spieler zu den Mitspielern in eine Beziehung. Jetzt zählt nur das gemeinsame Vorhaben. Kooperation ist nötig; Absprachen müssen eingehalten werden. So kann die Spielsituation ein kleines Modell für das Gruppenleben ohne Spiel sein.
Im Puppenspiel ist die Gruppenleiterin oder der Gruppenleiter ein Mitspieler, sofern er sich am Spiel beteiligt. Dies ist für ihn eine große Chance. Denn hier ist er gleichberechtigter Partner. Damit spielt er eine Rolle, die er im täglichen Leben vielleicht nur schwer einnehmen kann. Die anderen Spieler brauchen sich nicht von seiner Autorität beeindrucken zu lassen; sie können Äußerungen wagen, die sie sich sonst verkneifen würden. Das befreit zu einer guten Kommunikation. Diese gute Gemeinschaft im Spiel kann den Weg ebnen für einen partnerschaftlichen Umgang miteinander auch in anderen Situationen.

Marlies Bachmann

Wie ein Puppenspiel entsteht

Beispiel: Die erste Christengemeinde

Im Religionsunterricht haben wir am Ende des dritten Schuljahres Figuren aus Kartoffelstampfern gebaut (Bauanleitung siehe Seite 78). Es sind Männer, Frauen und Kinder aus der Zeit Jesu. Wir wollen uns im Laufe von einigen Wochen in die Menschen hineinversetzen, die sich nach Ostern der Jesus-Bewegung anschlossen. Wir lernen dabei ihre Motive kennen, begreifen ihr Verhalten. Wir erleben Fortschritte und Rückschläge mit. So *könnte* es gewesen sein. Ein lebendiges Bild der Gemeinde von damals soll entstehen. Vielleicht kann das dazu beitragen, über das eigene Verhalten in der Gemeinde heute nachzudenken.
Vorausgegangen sind die Geschichten von der Passion, von Ostern und Pfingsten. Die Schülerinnen und Schüler wissen bereits, daß sich die ersten Jesus-Leute nicht in der Öffentlichkeit trafen.

Sich kundig machen über Land und Leute

Zunächst einmal müssen unsere Figuren Namen und Berufe bekommen. Wir legen auch fest, in welchen Beziehungen sie zueinander stehen. Wir sammeln alle Namen, die uns aus biblischen Geschichten einfallen, und alle Berufe. Die Schülerinnen und Schüler wählen aus, wer sie sein und mit wem sie in den nächsten Wochen eine Familie bilden wollen. So gibt es z.B. Jona, den Töpfer, seine Frau Ruth und die Kinder Daniel und Esra; den Sandalenmacher Samuel mit seiner Frau Rebekka; Levi, den Bettler usw. Wir schreiben die Namen und Berufe auf die Haltestäbe der Figuren. Sonst sind sie bis zum nächsten Mal vergessen.
Um ins Spiel und in die Atmosphäre hineinzukommen, spielen wir in mehreren Gruppen: Die Jesus-Leute treffen sich. Was tun sie? Was reden sie miteinander? – Die jeweils beobachtende Gruppe spielt Detektiv und notiert alles, was es damals so nicht gegeben haben kann. Anschließend sprechen wir darüber, warum sich die Jesus-Leute nicht zu einem Grillfest mit Schweinekoteletts getroffen haben. Und daß sie sich nicht mit »Hey Fans« sondern mit »Shalom« begrüßten. Diesen Gruß nehmen wir auf und praktizieren ihn fortan in jeder Spielszene. Schon jetzt merken wir, daß wir eine ganze Menge mehr wissen müßten über Land und Leute zur Zeit Jesu.
Unser Spielen findet übrigens nicht auf einer Bühne statt, sondern an Tischen, im Stuhlkreis, auf freien Flächen im Raum ...; wie es die Situation gerade erfordert.

Die Situation spielend gestalten

In einem nächsten Schritt stellen wir uns vor: Wir sind zu einer Versammlung der ersten Christen in das Haus von Josua eingeladen. Wir spielen das Ankommen mit unseren Familien ... die Begrüßung ... Was redet man? ... Singt man ein Lied? Aus Kapernaum ist Petrus zu Besuch gekommen. Diese Figur wird von der Lehrerin übernommen, weil sie neue Impulse in die Gruppe bringt. Über die Figur wird das an Information gegeben, was sonst eine Erzählung, ein Bild o.ä. leisten würde. Petrus erzählt: Es gibt auch in Kapernaum eine Jesus-Gruppe ... Sie trifft sich reihum in den Häusern ... nicht mehr in der Synagoge ... sie trifft sich am Tag nach dem Sabbat, um jede Woche an die Auferstehung Jesu zu denken ... Sie kümmert sich um die Gemeindeglieder, die Hilfe brauchen ... sie sammelt ihr Geld in eine gemeinsame Kasse, um damit die Mittellosen zu versorgen ... Petrus regt an, die Jerusalemer Gruppe soll darüber diskutieren, ob sie sich dem Beispiel der Kapernaum-Gruppe anschließt.

Wie dieses Gespräch ausgeht, das kann vorher nicht kalkuliert werden. Hier bringen sich die Schülerinnen und Schüler mit ihrem Wissen und ihrer Sprachfähigkeit über ihre Figuren ein. Sie hören aufeinander und gehen aufeinander ein. Die Lehrerin kann das Gespräch nur über ihre Rolle als Petrus beeinflussen. Sie muß also sehr aufmerksam auf die Gesprächsbeiträge hören und sie geschickt aufgreifen.

Schließlich trennt man sich ... Bis zum nächsten Mal ... Esther hat in ihr Haus eingeladen.

In die Rolle einleben

Beim nächsten Mal – in Esthers Haus – sollen die Schüler/innen einen Diasporajuden kennenlernen. Sie sollen Argumente finden und ihm erklären, warum sie jetzt als Jesus-Leute anders leben als vorher.

Die ganze Gruppe hat sich also bei Esther getroffen ... Shalom ... Schön, daß wir heute bei dir sein können ... Wie geht es Mirjam? Ist sie wieder gesund? ... Wir sollten mal nach ihr sehen ...

Die Lehrerin kommt mit der Puppe »Markus« von außen dazu. Markus, noch außerhalb des Kreises, könnte etwa so sprechen:

> »Shalom, ich bin Markus, Esthers Sohn. Meine Mutter kennt ihr ja. Ich komme gerade aus Rom. Drei Jahre war ich nicht zu Hause. Ich will meine Mutter überraschen. Die wird sich freuen! Sie ist ja ganz alleine jetzt. Mein Vater ist vor einigen Jahren gestorben, und ich verdiene im Ausland mein Geld. Wie gut, daß ich eine Stelle gefunden habe. So kann ich meiner Mutter Geld schicken, damit sie nicht zu hungern braucht. Als alleinstehende Frau hat sie es schwer.
>
> Ja, ich lebe in Rom. Davon muß ich euch etwas erzählen.
>
> Gegen Rom ist Jerusalem ein Dorf! Was es dort alles gibt! Große, gepflasterte Straßen führen durch die Stadt und aus der Stadt hinaus. Da können die Pferdewagen gut fahren, ohne im Schmutz steckenzubleiben. Die Leute sind da vielleicht elegant angezogen! Es gibt Menschen aus aller Herren Länder; Sklaven aus

den Gebieten, die die Römer erobert haben. Viele große Gebäude gibt es in der Stadt; große Tempel, einen Zirkus, in dem Gladiatoren kämpfen, gegeneinander oder gegen Tiere. Da schauen immer viele Leute zu. Auf dem Markt werden viele Waren verkauft. Auch Badehäuser gibt es. Frisches Wasser kommt durch Wasserleitungen von weither aus den Bergen. Ja, Rom ist schon eine tolle Stadt! Den Kaiser habe ich auch schon einmal gesehen, im Zirkus. Er ist der mächtigste Mann. Er entscheidet über Leben oder Tod. Er ist der oberste Gott und wird im Tempel verehrt. Aber auch Juden gibt es in Rom. Und eine Synagoge, in der unser Gott Jahwe angebetet wird. Als ich nach Rom kam, bin ich am Sabbat in die Synagoge gegangen. Dort traf ich andere Juden und auch Josua, den Stoffhändler. Mit ihm kam ich ins Gespräch. Er nahm mich bei sich auf. Und nun arbeite ich für ihn. Er hat mich beauftragt, aus Antiochia neue Stoffe zu besorgen. Deshalb bin ich auf einer Geschäftsreise.
Von Rom aus bin ich mit dem Segelschiff bis Seleukia gefahren. Wir hatten guten Wind. In Antiochia fanden wir eine Karawane, die mich nach Jerusalem mitnahm. Da sind ja laufend Karawanen unterwegs. Die Straße nach Jerusalem ist gut gepflastert und von Soldaten bewacht. So kam ich ohne Zwischenfälle nach Jerusalem.
Jetzt bin ich gleich zu Hause. Da ist unsere Straße. Ich sehe schon unser Haus. Wie wird meine einsame Mutter sich freuen! Nanu! Ich höre ja Stimmen. Männerstimmen sind auch darunter. Ob meine Mutter wohl umgezogen ist? Ich werde hineingehen und fragen!«

Markus tritt in den Kreis der Jesus-Leute ein. Er begrüßt seine Mutter Esther ... Er drückt sein Erstaunen aus über die Situation ... Schickt sich das für eine Witwe? ... Sogar Männer im Haus? ... Esther (von einer Schülerin/einem Schüler gespielt) antwortet, und die Gruppe ergänzt. Die Spieler/innen werden gezwungen, Argumente für ihr Verhalten zu finden. Nach der oben geschilderten Einführung fällt das in der Regel nicht schwer. Markus drückt sein Unverständnis aus ... Alle zahlen in eine Kasse? ... Was sagen denn die Reichen dazu? ... Warum treffen sie sich nicht in der Synagoge? ... Warum nicht am Sabbat? ... Gilt der alte Glaube gar nichts mehr? Die Gruppe versucht, Markus zu überzeugen. Der Verlauf des Gesprächs wird zeigen, ob ihr das gelingt.
In einer Gruppe schrieben einmal Schüler/innen aus der Sicht des Markus im Anschluß an dieses Gespräch einen Brief an seinen »Chef in Rom«:

Lieber Josua!
Hier in Jerusalem lebt meine Mutter (Witwe) mit vielen Christen, die helfen ihr. Mir geht es gut. Dir hoffentlich auch. Diese Christen reden ohne Furcht von Christus. Mehrere von ihnen waren im Gefängnis. Ich finde es gut, daß diese Leute so zusammenhalten.
Bis bald! Markus

Lieber Josua!
Hier ist was los! Meine Mutter hat Jesus-Leute eingeladen. Und sie helfen sich gegenseitig. Manche Leute sind Sandalenmacher, manche sind Schneider, manche schenken meiner Mutter Holz.
Dein Markus

Lieber Chef Josua!
Hier in Jerusalem gibt es viele Neuigkeiten. Es gibt hier eine Jesusgruppe. Sie treffen sich immer am ersten Tag der Woche in ihren Häusern. Damit keiner hungern muß, sammeln sie alles Geld ein und verteilen es gerecht. Deswegen ist keiner mehr allein, und meine Mutter ist nicht mehr traurig. Vielleicht können wir in Rom auch eine Jesusgruppe machen. Wenn ich zurückkomme, erzähle ich euch mehr von Jesus. Die Reise war schön, aber gefährlich. Morgen reise ich weiter und kaufe neue Stoffe.
Viele Grüße! Dein Lehrling Markus

Nicht alle Menschen sind so leicht zu überzeugen wie Markus. Petrus (Puppe/Lehrerin) bringt die Idee in die Jesus-Gruppe, für Jesus zu werben, Menschen für Jesus zu gewinnen. Die Jesus-Leute diskutieren im Spiel: Wie soll man das machen? ... Ein Fest feiern? ... Kann man es überhaupt wagen? ... Angst vor den Römern! ... Wo soll man sich treffen? ... Was könnte man auf dem Treffen tun? ... Lieder ... Spiele ... Geschichten von Jesus ... Plakate ... Handzettel für die Werbung ... Die Aufgaben für das »Missionsfest« werden verteilt, und die Schüler/innen schreiben, malen, suchen Lieder und Geschichten aus, gestalten Plakate, legen fest, wer von den Jesus-Leuten (Puppen) auf dem Fest welche Aufgabe übernimmt.
Wenn die Vorbereitungen abgeschlossen sind, feiern die Jesus-Leute das Fest, das von ihnen organisiert wurde. (Vielleicht kann man eine andere Gruppe/Klasse einladen; denn sonst ist man unter sich, weil alle beteiligt sind.)
Gegen Ende des Festes platzt ein Bote herein (Lehrerin mit einer Figur) und berichtet atemlos davon, daß Stephanus zu Tode gesteinigt wurde, weil er sich zu Jesus bekannte. Die Jesus-Leute reagieren betroffen: Soll man still nach Hause gehn? ... Soll man sich nur noch heimlich treffen? ... Soll man Jerusalem ganz verlassen, vielleicht nach Antiochia gehen und dort untertauchen?
Jakobus (Lehrerin mit einer Figur) erinnert die Freunde an ein Erlebnis mit Jesus. Sie hatten schon einmal solche schlimme Angst, und sie dachten, das überleben sie nicht ... Jakobus erzählt die Geschichte von der Sturmstillung. Er macht den Ängstlichen Mut: Jesus ist auch in dieser Gefahr bei uns ... Die Jesus-Leute reagieren auf die Erzählung des Jakobus ...
Ich erlebte in einer Gruppe, daß Kinder spontan sagten: Jetzt möchten wir singen »Wenn das rote Meer grüne Welle hat«. Alle sangen. Hier wurde sehr deutlich, wie stark die Person des Spielers mit der Figur verbunden ist. Figur und Person wurden eins. Ein Hoffnungslied in einer Situation der Angst zu singen, ist kein Spiel mehr. Das ist Ausdruck des ganz persönlichen Glaubens und Erlebens.
In der oben beschriebenen Weise gestalten wir spielend die Situation der ersten Gemeinde weiter aus. Wir wandern mit einigen Leuten der Jesus-Gruppe nach Antiochia aus, um dort sicherer zu ein. Dabei fühlen wir uns in die Situation der Diaspora-Juden ein.
Wir lernen Paulus kennen – und fürchten.

Es ist nur folgerichtig, wenn eines Tages ein Bote eintritt und der Antiochia-Gruppe einen Brief abgibt: Paulus kommt nach Antiochia und befiehlt die Jesus-Leute zur Synagoge ... Sie ahnen, was sie bei der Synagoge erwartet. Sollen sie trotzdem hingehen? ... Sollen sie sich in die Gefahr begeben, ausgepeitscht zu werden? ... Schließlich nehmen sie ihren Mut zusammen und kommen der Aufforderung nach. Paulus spricht sie an (Lehrerin mit Figur Paulus): Liebe Brüder und Schwestern. Ich freue mich, daß ich hier bei euch bin ... Nehmt mich in eure Mitte auf ... Die Jesus-Leute können es nicht fassen. Wieso dieser Umschwung? Kann man ihm trauen? ... Will er sie auf die Probe stellen? Paulus muß erzählen ... von seinem Erlebnis bei Damaskus ... von seinem Wunsch, nun selbst Freunde für Jesus zu gewinnen ... Die Jesus-Leute beraten: Spricht er überhaupt die Wahrheit? ... Ist es nicht zu riskant, ihn aufzunehmen?

Glaubensinhalte vermitteln

Die Schilderung dieser Art des Figurenspiels zeigt, wie lebendig die Inhalte unseres Glaubens vermittelt werden können. Schülerinnen und Schüler sind durch das intensive Spielen mit ihrer ganzen Person beteiligt. Es wird nicht nur ihr Kopf sondern auch ihr Gefühl angesprochen. Sie lernen zu argumentieren und ihre Argumente konsequent zu vertreten. Trotzdem ist alles »nur« Spiel. Noch bleiben die Argumente ihres Glaubens im geschützten Raum ihres Klassenzimmers. Die Auseinandersetzungen brauchen noch nicht gelebt zu werden. Dazu kommt, daß sich jeder ruhigen Gewissens hinter seiner Figur verstecken kann; denn sie ist es ja, die so spricht.
Da es in dieser Spielweise keine festgelegten Dialoge gibt, kommt es ganz besonders darauf an, wie geschickt der Spielleiter/die Spielleiterin das Gespräch lenkt. Er/sie ist selbst als Mitspielende/r beteiligt. Deshalb muß er/sie ganz in der Rolle bleiben und aus der Rolle heraus die Impulse und Informationen geben, die das Spiel weiterbringen. Das erfordert Ideen, aber auch Zurückhaltung. Die anderen Spieler sind gleichberechtigte Partner.
Unterrichtenden fällt es anfangs nicht leicht, in ihrer Rolle zu bleiben. In einem zweiten Schuljahr erlebte ich z.B., wie die Lehrerin – »Abraham« ein Kind zurechtwies: »Jessika, hör doch endlich auf, so herumzuzappeln!« Sie hätte in der Rolle des Abraham auch fragen können: »Na, Ruben, was regt dich so auf? Bist du nicht einverstanden mit meinem Entschluß, in das unbekannte Land aufzubrechen?« So können Schwierigkeiten der Gruppe in das Spiel eingebaut werden. Störungen werden schnell beigelegt, weil der Spielleiter nicht seine Autorität herauskehren muß.
Diese Art von Spiel braucht Zeit. Das oben beschriebene Spiel der ersten Gemeinde erstreckte sich über mehrere Wochen, bei drei Wochenstunden Religionsunterricht. Kinder brauchen Zeit, sich in die Rolle einzuleben und mit ihr zu verwachsen. Wenn man ihnen diese Zeit läßt, sind die Ergebnisse verblüffend. Sie bringen Gesprächsbeiträge und formulieren Sätze, die sie im herkömmlichen Unterricht nicht aussprechen. *Marlies Bachmann*

Wie man spielend erzählt und erzählend spielt

Dieser Bericht über eine Gleichnisreihe verbindet Puppenspiel und das Erzählen mit Puppen. Wir standen vor dem Problem, daß die jungen und neuen Mitarbeiterinnen und Mitarbeiter sich mit dem Erzählen schwertaten. Sie wagten kaum in der Gruppe den Kindern etwas zu erzählen, noch schwerer fiel ihnen dies in der Mitarbeiterrunde.
Wenn ich in die Kindergottesdienstgruppen mal kurz als Gast in das Erzählen rein hörte, klangen die Geschichten flach, farblos, ohne Spannung und wirkten langweilig. Es waren mehr trockene Inhaltsangaben, als lebendige Erzählungen.
Da entstand die Idee, die Mitarbeiter mit Handpuppen zu motivieren, gleichzeitig wollte ich ihnen eine Chance geben, hinter die Puppe zurückzutreten und unterschiedliche Rollen auszuprobieren. Der Erfolg war gut und es machte Spaß.
Nach der ersten Stunde entwickelte ich ein Konzept für eine Reihe, die Erzählen und Puppenspiel miteinander verband.

Ein Modell – mit Puppen erzählen (üben)

Die Reihe stand unter dem Thema »Jesus ist an jedem Menschen interessiert«. Ich habe bewußt ähnliche und einfache Gleichnisse in den Vordergrund gerückt. Sie fördern das eigene Erzählen, verlangen angemessene Phantasie und helfen unterschiedlich, Ansatzpunkte für das eigene Erzählen zu finden.
Die Reihe besteht aus zwei Phasen: Zunächst haben wir uns in der Mitarbeiterrunde die jeweilige Geschichte spielend mit Puppen erzählt. Danach folgte das Erzählspiel im Kindergottesdienst selbst. Ich berichte aus der Vorbereitung, aus ihr ergab sich die Gruppenarbeit am Sonntag. Zu Beginn der Vorbereitung haben wir jeweils die Geschichte gelesen und besprochen.

1. Mit einer Puppe: Das verlorene Schaf (Lukas 15)

Ich hatte drei Handpuppen mitgebracht: ein Schaf, den Hirten, einen Menschen aus dem Dorf. Wir bildeten drei Kleingruppen, die jeweils aus der Perspektive Schaf, Hirte oder Dorfbewohner die Geschichte ausdachten und vorbereiteten.
Nach 20 Minuten haben die Mitarbeiter ihre Version erzählt. Wir hatten drei Grundvarianten, die die einzelnen noch unterschiedlich gestalteten. Im Aus-

wertungsgespräch überlegten wir Verbesserungen und suchten die passende Geschichte für die Altersgruppen aus.
Die jeweilige Puppe erzählte aus ihrer Erfahrung, dadurch wurde die Geschichte lebendig. Die Mitarbeiter achteten kaum noch auf sich selbst, sondern begannen in kurzer Zeit, aus sich herauszugehen. Das eigene Erzählen wurde erst im Nachgespräch wieder bewußt.

2. Mit zwei Puppen: Die verlorene Münze (Lukas 15)

Diese Geschichte war anfangs schwer, die Mitarbeiter fanden keinen Zugang. Ich hatte eine Münze, die Witwe, mehrere Dorfbewohner und eine Freundin dabei. Wieder bildeten wir Kleingruppen. Jede Gruppe hatte eine Witwe und dazu eine Freundin bzw. eine reiche Nachbarin oder einen Nachbarn. Diesmal bekam das Spiel neben dem Erzählen noch einen inhaltlichen Aspekt. Je nach Spiel wurde deutlich, daß das Geldstück für das Gegenüber der Witwe einen unterschiedlichen Wert hatte. Die Freundin suchte mit und beide stießen auf dem Boden mit dem Kopf zusammen, der Nachbar gab gute Ratschläge und beließ es dabei, die reiche Nachbarin hatte gar kein Verständnis, daß man so ein bißchen Geld suchen muß. Sie wunderte sich nur über die Frau. Armut war ihr nicht bekannt.
So entstanden in den Kleingruppen – ohne Vorgabe – unterschiedliche Ausdeutungen. In der Überlegung, daß es Jesus um Menschen und nicht um Geld ging, erfuhren wir in der Übertragung eine ungewollte und doch sehr sinnvolle Zuspitzung: Gehen wir mit »armen« Menschen nicht genauso um, wie die reiche Frau mit dem bißchen Geld? Wer sucht denn diese Menschen auf, wer kümmert sich schon um sie?
Im spielerischen Bereich entwickelten sich nach einem vorsichtigen Anfang ungeahnte Talente, es wurde lebhaft, nachdenklich und stürmisch gespielt. Die Mitarbeiter achteten gar nicht mehr auf das Erzählen, sie spielten. In der Auswertung wurde vielen erst bewußt, was sie können.

3. Mit drei Puppen: Der verlorene Sohn – daraus ein Stabpuppenspiel entwickeln (Lukas 15)

Wieder begannen wir in Kleingruppen. Jede Gruppe erhielt den Vater und die zwei Söhne. Die lange Geschichtenvorgabe sorgte diesmal dafür, daß weniger frei gespielt wurde, sondern mehr nacherzählend.
Die Mitarbeiter mußten in der Kleingruppe folgende Reihenfolge erarbeiten:

- Die Geschichte verstehen und behalten;
- die Höhepunkte der Geschichte festlegen;
- den Puppen einen Charakter geben;
- auf die Mitspieler Rücksicht nehmen, also sich nicht gegenseitig ins Wort fallen.

In der großen Runde ging es diesmal mehr um das Verständnis der Geschichte, um inhaltliche und spielerische Korrekturen und um technische Hinweise (ein Tisch als Bühne half doch sehr).

Aus dieser Geschichte wurde dann ein Stabpuppenspiel mit 2 m hohen Puppen entwickelt. Wir bauten die Puppen selbst und gestalteten einen Familiengottesdienst. Dazu brauchten wir allerdings einige Kindergottesdienst- und Vorbereitungsstunden.

4. Mit vielen selbstgebauten Kochlöffenpuppen: Vom Pharisäer und Zöllner (Lukas 18,9–14)

Nach dem Familiengottesdienst erweiterten wir das Erzählen um den einfachen Bau von Puppen. Damit die Kinder nicht nur zusehen, sollte jedes Kind eine Puppe bauen. (Im entsprechenden Kapitel finden sie die Erläuterung zum Puppenbau, s. Seite ...) Auch diese Geschichte wurde in Kleingruppen mit Puppenbau und Spielentwicklung vorbereitet. Durch den Eigenbau gab es vorzeigbare Modelle für die Kinder, lernten die Mitarbeiter die Fehler beim Bauen kennen und entstanden wieder unterschiedliche Geschichten.
Diesmal gab es zwei Grundprobleme:
– Welche Sprache verwende ich für die Geschichte?
– Wieweit kann ich diese Geschichte überhaupt ausschmücken?
Zur Sprache: Die erste Gruppe spielt die Geschichte sehr salopp, z.B.: »Da kommt ja dieser blöde Zöllner, am liebsten gäbe ich ihm eins vor die Birne. Aber das macht hoffentlich bald mal Gott.«
Die zweite Gruppe spielte gespreizter und überbetont, es wirkte affektiert; z.B.: »Guten Tag, ich bin ein bekannter Pharisäer. Ich werde jetzt zu meinem Gott beten gehen. Er wartet sicher schon auf mich.«
Wir arbeiteten heraus, daß beide Sprachstile nicht hilfreich und brauchbar sind. Es wurde deutlich, daß es schwer ist, nicht – ständig – in Klischees zu fallen und damit ein Problem zu vereinfachen. Wir versuchten in dem gewohnten, natürlichen Sprachbereich zu bleiben. Dies bedarf einiger Übung, da Natürlichkeit nicht mit Langeweile verwechselt werden darf, z.B.: »Ich gehe jeden Tag in den Tempel, dort rede ich mit Gott. Dies mache ich gerne und ich versuche auch die Regeln und Gebote einzuhalten. Ich glaube, mir gelingt dies recht gut. Ich gebe mir schon große Mühe. Nein, so wie der Zöllner dort, möchte ich allerdings nicht vor Gott treten, da würde ich mich schämen.«
Zur Ausschmückung: Wir schmückten die Geschichte im Tempel nicht aus, sondern gaben ihr eine Vorgeschichte. Der Zöllner kam von seiner Arbeit und war mit ihr und sich selbst unzufrieden. Der Pharisäer hatte vielleicht eine Schriftrolle studiert. Sicherlich gibt es noch weitere Ideen, die zentrale Zuspitzung im Tempel sollte allerdings bleiben.

5. Mit selbstgebauten Fingerpuppen aus Streichholzschachteln: Das große Fest (Lukas 14, 7–14)

An diesem Sonntag (Karneval) war mit nur wenigen Kindern zu rechnen, deshalb wollte ich mit allen etwas gemeinsam machen. Mir kam die Idee, die Geschichte »Das große Fest« mit allen Kindern zu spielen, dabei sollte der

Schritt vom erzählenden Spiel zur »Spielaktion« gewagt werden. In der Vorbereitung sprachen wir diese Stunde ab und probierten sie aus. Sie machte im Kindergottesdienst viel Freude.
Wie in diesem Buch beschrieben, bauten wir Puppen aus Streichholzschachteln (s. Seite 50). Jeder und jede erhielt eine Streichholzschachtel und das Material. In Kleingruppen gelang dies schnell und recht gut. Der König erhielt eine Goldkrone. Wir steckten die Figur probeweise auf den Zeigefinger. Die Geschichte wurde aus der Bibel vorgelesen und die Rollen abgesprochen. Im Vorbereitungskreis übernahm ich den König und lenkte so das Spiel. Eine routinierte Mitarbeiterin spielte den Diener und leitete gleichfalls den Spielablauf mit. So kam alles in Schwung und es entstand eine lebendige Geschichte. Bei dem Fest sangen wir dann Festgesänge wie »Laudato si.«

Wann ist solch eine Methode hilfreich?

Der beschriebene Weg, eine Geschichte zu verdeutlichen, ist vielfältig einsetzbar, und ich nenne nur einige Möglichkeiten:
- Eine Geschichte ist kurz und bedarf der Veranschaulichung.
- Die Mitarbeiter suchen ein Hilfsmittel, weil sie sich nicht richtig trauen, etwas zu erzählen. (Einige Leute haben sich beim Spielen mit der Puppe bei uns ganz anders verhalten, sie gingen aus sich heraus und wurden lebendig.)
- Wir suchen unterschiedliche und abwechslungsreiche Methoden.
- Wir wollen unser Erzählen schulen, ohne eine »Schulung« zu machen.
- Wir möchten über eine »Kontaktperson« mit den Kindern ins Erzählen und ins Gespräch kommen.
- Wir wollen Inhalte (Botschaft) und Methode zu einer Einheit verbinden.

Rüdiger Maschwitz

Wie wird gespielt?

Die PUPPE *erzählt die Geschichte*

Die Kinder sitzen im Kreis, Jörg mitten zwischen ihnen. Sie zappeln auf ihren Stühlen, knuffen sich, reden miteinander.
Da greift Jörg in die Tasche neben seinem Stuhl.
»Äh – Ruhe! Er hat Benjamin dabei!« ruft Karin.
Alle Augen richten sich auf Jörg. Es wird rasch still. Jörg hat die Handpuppe aus der Tasche genommen und zieht sie auf seine »Spielhand«. Das ist bei ihm die rechte. Mit links, hat er bald gemerkt, kann er nicht so gut spielen; aber das ist bei jedem Spieler anders, man muß es probieren.
»Nun komm, Benjamin!« sagt Jörg zur Puppe, während er sie auf der Hand zurechtzupft und ihr über den Kopf streicht. »Du willst doch heute den Kindern die Geschichte erzählen, oder?«
Die Puppe sitzt inzwischen auf der Hand. Jörg hebt den Arm so, daß sie etwa in Augenhöhe mit ihm ist. Die Puppe nickt und (Jörg) sagt: »Aber natürlich, lieber Jörg ...« Er verstellt seine Stimme nicht, wenn die Puppe redet. Das hat er anfangs getan. Aber das war ziemlich anstrengend, weil er sich sehr konzentrieren mußte, wann er mit normaler (eigener) Stimme und wann mit (verstellter) Puppenstimme zu reden hatte. Und darüber hinaus war es auch überflüssig: Die Kinder merkten ohnehin, wann wer sprach – oder genauer: wann die Puppe sprach. Wenn er selbst spricht, verhält sie sich (meist) ruhig; wenn sie spricht, bewegt sie sich ein wenig.

Ohne Übung geht es nicht

Bei längeren von der Puppe gesprochenen Passagen (z.B. wenn sie eine ganze Geschichte erzählt) führt Jörg sie vor sein Gesicht und verschwindet sozusagen dahinter. Das hat den Vorteil, daß die Puppe ganz im Vordergrund steht, aber er gleichzeitig die Kinder im Auge hat.
Einmal hat Jörg sich eine Tierhandpuppe – einen Esel – mit beweglichem Maul ausleihen können. Da konnte man die Finger in Ober- und Unterkiefer schieben und also das Maul im Rhythmus der Sprache bewegen, aber auch z.B. einen »Schmollmund« oder andere »Gesichtsausdrücke« produzieren. Das war natürlich ein besonderer Spaß, aber es hat auch einiges an Probieren gekostet. Denn da mußte er ja genau wissen, was passiert. Wie sieht das aus, wenn ich die Finger im Maul so oder so bewege? Er hat es vor einem Spiegel solange probiert, bis er den Bogen raushatte. Trotzdem war er bei diesem ersten »Auftritt« ständig versucht, den Esel beim Sprechen anzugucken und

damit von den Kindern abzuwenden. Und darüber hinaus hat er sich verführen lassen, das Eselsmaul ständig in Bewegung zu halten und ihn alle möglichen Grimassen machen zu lassen. Die Kinder haben sich sehr amüsiert, aber von der Geschichte nur wenig mitgekriegt.
Jörg hat auch mal mit Christine zusammen gespielt. Beide hatten eine Puppe, er den Jünger Andreas, sie den Johannes. Die unterhielten sich über die Geschichte »Jesus segnet die Kinder«. Sie hatten das zwar vorher mal rasch geübt, aber dann gesagt: »Na, wird schon werden!«
Es wurde wohl auch – bloß kein Puppenspiel. Am Anfang ging's noch – aber dann konzentrierten sie sich mehr und mehr auf den Dialog und vergaßen sozusagen die Puppen auf der Hand. Rede und Gegenrede lief zwischen ihnen beiden hin und her, *sie* beide mimten die Jünger, und die Puppen waren überflüssig ...
Christine meinte hinterher: »Wir hätten uns vielleicht so was wie eine Bühne machen sollen, so daß nur die Puppen zu sehen gewesen wären ...« Darauf hat Jörg gesagt: »Nee, wir hätten ordentlich proben sollen!«

Wenn die Puppen im Boden versinken ...

Aber das mit der Bühne ist natürlich sehr reizvoll. Jörg hat das auch schon probiert: Er hat zwei Stühle in etwa einem Meter Abstand voneinander aufgestellt, ein Brett auf die Lehnen, eine Wolldecke drüber, die bis zum Boden reichte – fertig. Er hat sich dahinter auf den Boden gesetzt, so daß die Kinder ihn nicht sehen konnten und hat auf jeder Hand eine Puppe geführt. Und den Dialog zwischen den beiden hat er vorher aufgeschrieben und zum Ablesen am Brett befestigt.
Aber die Aufführung war alles andere als gut. Auf dem Boden sitzend und leicht nach vorn gebeugt die Arme dauernd hochhalten war sehr anstrengend, so sehr, daß die Puppen immer tiefer sanken und schließlich nur noch die Köpfe rausguckten (was die Kinder sehr komisch fanden!). Das hing aber auch damit zusammen, daß er viel zu sehr mit dem Lesen des Textes beschäftigt war, und daher die Puppen nur noch ziemlich sinnlos herumzuckten ...
Und darüber hinaus war es schon reichlich lächerlich, daß Jesus und der reiche Jüngling von unten, wie aus dem Boden gewachsen, auftraten und dann zum Schluß – schwupp! – wieder im Boden versanken ...
Viel besser war dann der Versuch mit einem Kaspertheatergehäuse, das Jörg mal von seinem kleinen Bruder entliehen hat. Er hat es auf einen Tisch gestellt, so daß er bequem dahinter stehen und die zwei Puppen in Augenhöhe halten konnte. Und damit er sowohl die Puppen wie die Kinder sehen konnte, hat er da, wo die Kulisse angebracht wird, einfach ein Stück halbwegs durchsichtigen Stoff aufgehängt, so daß der Stoff etwa 25 Zentimeter von der Spielleiste entfernt herunterhing. Und seine Puppen hat er auch nicht wie der Teufel aus der Kiste erscheinen lassen müssen; denn so ein Kaspertheater hat ja seitliche Abdeckungen.

Vorteilhaft: Regieplan bei größeren Spielen

Vor kurzem beim Kinderbibeltag über die Josefsgeschichten hat der ganze Helferkreis ein Puppenspiel gemacht – Szenen aus der Josefsgeschichte. Da war natürlich nichts zu machen mit Brett über Stühle oder Kaspertheatergehäuse. Und auf jeder Hand eine Puppe, das ging auch nicht – außer, als mal alle 11 Brüder von Josef plus Eltern auftraten. Einige Helfer/innen aus der Gruppe haben noch zu wenig Erfahrung, um zwei Puppen gleichzeitig zu führen und sprechen zu lassen. Also war es ziemlich voll hinter der Bühne – und darum mußte die ziemlich breit sein, so an die zweieinhalb Meter. Die Spielleiste war so hoch, daß alle gut stehen und ohne Anstrengung die Puppen führen konnten (außer Angelika, die sehr klein geraten ist und nur mit ausgestreckten Armen an die Spielleiste gelangte; der haben sie ein kleines Podest »untergeschoben«).
Dieses Gebilde aus Latten und Stoff samt seitlichen Abdeckungen und einer Aufhängevorrichtung für eine Kulisse hat der Vater von Ernst hergestellt nach den Maßen, die Jörg ihm gegeben hat. Der Helferkreis hätte das nicht auch noch geschafft; denn alle waren voll beschäftigt mit den Texten und der Führung der Puppen.
Jörg hat Regie geführt. Das war bei so einem großen Spiel einfach nötig – und gar nicht so einfach! Jörg hat einige Abende über dem Regieplan gebrütet: Wer wann von wo auftritt oder abgeht, mal ganz vorne an der Spielleiste agiert oder mehr im Hintergrund bleibt usw. Und dabei mußte er auch immer berücksichtigen, daß die Spieler sich hinter der Bühne nicht auf die Füße treten oder puppentragende Arme zu Schlinggewächsen werden …
Drei Nachmittage haben sie intensiv geprobt, bis alles schön lief – aber dann war die Aufführung auch sehr gut und die knapp 150 Kinder hingerissen …

Kinder am Spiel beteiligen?

Hinterher haben sie im Helferkreis noch mal drüber gesprochen, und Ernst hat gemeint: »Einfacher und mit weniger Proben wär's gewesen, wenn einer erzählt und wir das nur mit den Puppen dargestellt hätten.«
»Einfacher vielleicht schon, aber längst nicht so lebendig!« haben die anderen gesagt. »Ein paar von den Kindern haben gesagt, sie wollen auch mal so was mit Puppen spielen«,« berichtet Kerstin.
»Dann«, sagt Jörg, »würde ich allerdings mit einem Erzähler arbeiten. Denn dann haben die Kinder zunächst mal genug zu tun mit der Führung der Puppen. Erst wenn sie das raus haben, können sie auch selbst die Texte sprechen.«
»Ich meine«, sagt Peter, »die Kinder können nur schwer die Arme so lange hochhalten. Ist ja schon mir schwergefallen …«
»Wie wär's denn mit so Puppen, die auf 'nem Stock aufgespießt sind?« fragt Ernst. »Die stehn doch sozusagen von selbst.«
»Das ist für die Kinder sicher einfacher«, sagt Jörg. »Man könnte so dreißig Zentimeter unterhalb der Spielleiste ein Brett anbringen, auf dem die Stöcke

von den Puppen aufgestützt werden. Aber diese Puppen sind natürlich ein bißchen steif. Und das mit dem Aufstützen aufs Brett geht auch nur, wenn sich alle direkt an der Spielleiste aufhalten. Aber immerhin ...«
»Ich hab mal«, bringt Angelika ein«, in einem Familiengottesdienst ganz große Puppen aus Pappendeckel gesehen. Da war jede an einer Latte befestigt; die ging bis zum Boden. Und es gab keine Bühne. Und die Kinder haben sie geführt und sogar noch die Texte gesprochen. Die hatten sie auf einem Zettel, der an der Latte festgemacht war. Sah toll aus, diese großen bunten Figuren ...«
»Flachpuppen!« sagt Jörg mit Kennerstimme. »Ist auch 'ne Möglichkeit, vor allem, wenn die Zuschauer weiter weg sind und doch was sehen sollen. Allerdings sind die Flachpuppen noch steifer als Stockpuppen. Da muß man genau überlegen, wie man so ein Spiel damit gestaltet, wie die Figuren zueinander stehen und so. Und wenn die Kinder selbst sprechen ... Hast Du gut verstehen können?«
Angelika grinst: »Kein Wort. Um eine ganze Kirche zu füllen, reichen Kinderstimmen halt nicht.« *Jürgen Koerver*

Was wird gespielt?

»Das war ein totaler Reinfall!« schimpft Jörg, als die Kinder weg sind und er und Angelika den Kindergottesdienst aufräumen. »Blöde Idee von dir, den reichen Jüngling mit dieser Frauenpuppe zu spielen! Die Kinder haben sich vielleicht amüsiert!«
»Aber ich hatte doch keine andere!« erwiderte Angelika. »Und ich hab doch auch ein reiches Fräulein daraus gemacht ...«
»Von einem reichen Fräulein steht nichts in der Bibel«, brummt Jörg. »Und im übrigen sah die Puppe aus wie ein halbverhungertes Mannequin!«
»Na schön, war nicht so gut. Geb ich zu. Aber deine Idee, diese Geschichte von Jesus und dem reichen Jüngling als Puppenspiel zu machen, war auch Quatsch! Da war doch überhaupt keine Handlung drin, bloß Dialog zwischen Jesus und dem reichen – wie hast du gesagt? – halbverhungerten Mannequin! Du behauptest, die Kinder hätten sich amüsiert – ich finde, sie haben sich gelangweilt. Und das ist deine Schuld, mein Lieber!«
»Na ja,« gibt Jörg zu, »es ist eben nicht jede Geschichte geeignet für'n Puppenspiel. Aber ich weiß jetzt, was ich tu heut nachmittag: Ich guck mir mal alle Bibeltexte der nächsten Zeit oder auch für dieses Jahr an, was wir vielleicht davon als Puppenspiel bringen könnten ...«
»Ja, mach das mal,« sagte Angelika. »Aber denk auch dran: Wir sind nur zu zweit, und das schränkt ganz schön ein. Und Puppen haben wir auch nur ein paar, selbst wenn wir die von Eveline und Peter ausleihen.
Am Nachmittag setzt sich Jörg hin und schaut sich die biblischen Texte an. Zuerst prüft er, ob sie überhaupt eine Handlung haben und nicht nur einen Dialog bieten, so wie der Text heute morgen.
Immerhin findet er unter diesen »Dialog-Geschichten« auch welche, aus denen man mit etwas Phantasie doch noch eine Spielhandlung machen kann, ohne sie nur um des Spiels willen auszuweiten.
Da ist z.B. die Geschichte von der Berufung des Levi (Mk 2,13–17). Über die eigentliche Berufung steht nur da (V. 14): »Und er sah Levi ... an der Zollstätte sitzen; und er sagte zu ihm: Folge mir nach! Da stand er auf und folgte ihm nach.« Jörg denkt: Bevor sich das abspielt, müßte eine Szene kommen, in der deutlich wird, was der Levi als Zöllner tut und treibt und wie er von den Leuten und den Frommen behandelt wird; ja vielleicht sogar noch eine Szene, wie seine Frau und Kinder zwar gut leben aber eben auch leiden müssen unter seinem Beruf. Und dann könnte Jesus mit seinen Jüngern (vielleicht ist es nur einer) erst mal vorbeikommen und freundlich mit ihm re-

den, und dabei erfährt Levi, wer der freundliche Mann ist ... Na ja, und dann erst nimmt Jesus ihn in die Jüngergruppe auf. Und aus Freude darüber spricht er mit seiner Frau darüber und es kommt zum Fest mit Jesus, wovon in den Versen 15–17 die Rede ist.
Jörg sieht schon, wenn auch noch unklar, einige Möglichkeiten, solch eine reine Dialog-Geschichte »aufzubereiten« zu einer spielbaren, lebendigen Handlung. Das ist offenbar eine Frage der Phantasie.
Bei anderen Texten sieht er diese Möglichkeit nicht, jedenfalls nicht auf Anhieb. Und wieder andere fallen aus anderen Gründen aus. Zum Beispiel »Jesus wandelt auf dem Wasser« oder »die Sturmstillung«. Diese Geschichten lassen sich sozusagen technisch nicht darstellen; vermutlich würde es lächerlich wirken (er hört schon im Geiste die Kinder lachen, wenn Jesus oder Petrus auf Pappwellen dahinschweben ...).
Bei Heilungsgeschichten zögert Jörg, sie auf die Liste der spielbaren Geschichten zu setzen. Ob das vielleicht nicht auch eher komisch ausfällt, so was mit Handpuppen darzustellen? Ob man es eher im Schattenspiel machen könnte?, fragt er sich. Vermutlich muß man beides mal probieren – allerdings besser erst mal ohne die Kinder als Zuschauer.
Unter den biblischen Geschichten, die im laufenden Jahr für den Kindergottesdienst vorgesehen sind, findet er wie üblich auch eine Passionsreihe. Auch hier zögert er, sie unter die spielbaren aufzunehmen. Oder vielmehr: spielbar schon – aber Abendmahl mit Puppen? Verhandlung vor dem Hohenrat, vor Pilatus? Ob das angemessen ist, sowas mit Handpuppen zu machen? Vielleicht kann das ein Künstler – aber er oder die anderen Kindergottesdienstmitarbeiter? Lieber doch nicht ...!
Als Jörg im Matthäusevangelium (Kap. 13) auf die verschiedenen Gleichnisse stößt, ist er enttäuscht. Was hier vom Sämann, vom Unkraut, vom Senfkorn und Sauerteig und so erzählt wird, das kann man nicht oder kaum spielen, jedenfalls nicht einfach so, wie es dasteht. Er hat immer gedacht (und ja auch schon probiert), Gleichnisse lassen sich allemal im Puppenspiel darbieten. Aber das stimmt wohl nur für die »großen« Gleichnisse, wie z.B. vom barmherzigen König (Mt 18,21ff.), vom barmherzigen Samariter (Lk 10,25ff.), vom verlorenen Sohn (Lk 15,11ff.) u.a.
Und dann gibt es viele Geschichten aus dem Alten Testament, die sich geradezu anbieten gespielt zu werden: die verschiedenen Erzväter – und die Mosegeschichten, aber auch die von David oder von Elia.
Schließlich hat Jörg eine ziemlich lange Liste von »puppenspielbaren« biblischen Geschichten beisammen. Die sieht so aus (siehe rechte Seite):
Bei nächster Gelegenheit präsentiert er stolz seine Liste der Angelika. Die schaut sie an, nickt ein paarmal, schüttelt aber noch öfter den Kopf. »Was ist?« fragt Jörg. »Stimmt was nicht?«
»Ganz schön,« sagt Angelika. »Bloß: Du hättest gleich hinter jede Geschichte schreiben sollen, wieviele Puppen bzw. Spieler man mindestens braucht. Ich sage: mindestens – von den möglichen will ich mal gar nicht reden. Dann

Unvollständige Liste spielbarer biblischer Geschichten

ALTES TESTAMENT

Erste Menschen/Sündenfall	1 Mose 2 u. 3
Kain und Abel	1 Mose 4
Noah	1 Mose 6–8
Turmbau	1 Mose 11
Abraham	1 Mose 12 u. 13; 18
Jakob	1 Mose 25 i.A.; 27; 29–33 i.A.
Josef	1 Mose 37–50 i.A.
Mose	2 Mose 1 u. 2; 7–10 i.A.; 16; 32; 4 Mose 13 u. 14; 22–24 i.A.
Josua	Josua 2–4 i.A.
Ruth	Ruth 1–4 i.A.
Samuel	1 Sam 1–3 i.A.
Saul	1 Sam 8 u. 9 i.A.; 28 i.A.
David	1 Sam 16–18 i.A.; 24; 26 2 Sam 11 u. 12 i.A.
Elia	1 Kön 17 u. 18 i.A.; 21
Elisa	2 Kön 5
Jeremia	Jer 1; 7 (s. auch 26) i.A. Jer 18–19; 28; 36–38
Daniel	Dan 1–3; 5; 6 i.A.
Jona	Jona 1–4 i.A.

NEUES TESTAMENT

	MATTHÄUS
Die Weisen	2, 1–12
Hauptmann von Kapernaum	8, 5–13
Gleichnis vom barmherzigen König	18, 21–34
Gleichnis von den Arbeitern im Weinberg	20, 1–16
Gl. von den törichten u. klugen Jungfrauen	25, 1–13
Gleichnis von den anvertrauten Talenten	25, 14–30
	MARKUS
Heilung des Gichtbrüchigen	2, 1–12
Berufung des Levi	2, 13–17
Jesus und seine Familie	3, 20.31–35
Ende Johannes des Täufers	6, 14–29
Gleichnis von den bösen Weingärtnern	12, 1–12
	LUKAS
Täufergeschichten	1 u. 3 i.A.; 7, 18–30
Weihnachtsgeschichte	2 i.A.
Der 12jährige Jesu im Tempel	2, 41–52
Jesus in Nazareth	4, 16–30
Petri Fischzug	5, 1–11
Jesu Salbung durch die Sünderin	7, 36–50
Ungastliche Samariter	9, 51–56

▶▶▶

	LUKAS *(Fortsetzung)*
Gleichnis vom barmherzigen Samariter	10, 25–37
Gleichnis vom reichen Kornbauern	12, 16–21
Gleichnis vom großen Abendmahl	14, 15–24
Gleichnis vom verlorenen Sohn	15, 11–32
Gl. vom reichen Mann und armen Lazarus	16, 19–31
Heilung der 10 Aussätzigen	17, 11–19
Heilung des Blinden	18, 35–43
Zachäus	19, 1–10
Verleugnung des Petrus	22, 54–62
	JOHANNES
Hochzeit zu Kana	2, 1–11
Jesus und die Ehebrecherin	8, 1–11
	APOSTELGESCHICHTE
Heilung des Gelähmten; Petrus und Johannes vor dem Hohen Rat	3 u. 4 i. A.
Die Bekehrung des Saulus	9
Der Hauptmann Kornelius	10
Lydia; Kerkermeister	16 i. A.
Paulus in Ephesus	19

wird deine lange Liste sehr viel kleiner, weil: Wir sind nur zwei Spieler und haben höchstens vier Hände; wenn wir die Stockpuppen nehmen, kann sogar jeder nur eine bedienen!«
»Da hast du natürlich recht, gibt Jörg zu.« »Aber vielleicht können wir uns die einzelnen Szenen so ausdenken, daß eben immer nur soviel Puppen auftreten, wie wir bewältigen können? Und dann kann man ja die Puppen zwischendurch wechseln für die nächste Szene. Oder wir brauchen eben mehr Spieler, wenn wir diese oder jene Geschichte spielen wollen.«
»Du hast gut reden«, sagt Angelika. »Die anderen sind nicht so leidenschaftliche Puppenspieler wie du und ich. Die kriegst du höchstens ein oder zweimal im Jahr zu 'ner Aufführung. Aber das ist auch gut so; sonst wird unser Kindergottesdienst noch zum reinsten Puppentheater.«
»Na ja,« meint Jörg ein bißchen geknickt. »Ist ja was dran ...«
»Nun brich mal nicht gleich in Tränen aus!« lacht Angelika. »Ich hab da noch eine Idee für dich: Schau dir doch mal die nichtbiblischen Geschichten an, die ...«
»Was für nichtbiblische Geschichten?« fragt Jörg.
»Na, Mensch, die manchmal zur Vertiefung oder Weiterführung oder auch als eine Art Anspielgeschichten im Helferheft drinstehen. Oder bei einem Thema vorkommen, um es zu erläutern oder zu aktualisieren. Manche sind auch im ›Plan für den Kindergottesdienst‹ angegeben, hab' ich gesehen.«
»Na, und?«
»Was na und? Vielleicht läßt sich da doch auch was finden, was man gut mit Puppen spielen kann. Es muß doch nicht immer die biblische Geschichte

sein! Die kann man doch viel besser erzählen. Aber diese anderen, eben diese nichtbiblischen, die sind vielleicht leichter spielbar für uns. Denk bloß an die von vor drei Wochen, die mit der Mutter und den beiden Jungen, von denen der eine ...«
»Ach ja, ich weiß, was du meinst! Ja, die hätte man gut mit Puppen ...«
»Siehst du, das meinte ich! Guck dir die doch mal an!«
»Mach ich!« sagt Jörg und will schon weg.
»Und denk dran«, ruft Angelika ihm nach, »im Mai ist Gemeindefest: Da sind wir wieder dran mit Märchenspiel bei den ganz Kleinen.«
»Richtig! Da kannst du dein halbverhungertes Mannequin wieder rausholen!« ruft Jörg zurück.
»Wofür?« fragt Angelika.
»Schneewittchen und die sieben Zwerge!«
»Aber gerne! Und du läßt dir schon mal noch fünf Hände wachsen für die Zwerge!« empfiehlt Angelika.

Jürgen Koerver

Wo wird gespielt?

Wo kann ich das Puppenspiel einsetzen und wie unterscheiden sich die Situationen?

Der Freude und der Lust am Puppenspiel sind in der Gemeindearbeit keine Grenzen gesetzt. Es gibt unterschiedliche Arbeitsfelder und Zielgruppen:

— Kinder, Schul- und Familiengottesdienste
— Kindergottesdienste und Kindergartenfeste
— Gemeindetage und Schulfeste
— Weihnachtsferien und Seniorenadvent
— Kinderfreizeiten und Treffs in der Kindergruppe
— Themen in der Schulklasse und im Konfirmandenunterricht, die aufgearbeitet werden
— Campingeinsätze und Spiele in Kinder- und Seniorenheimen
— ……………

Dies sind einige der Gelegenheiten, um ein Puppenspiel auszudenken, Puppen zu bauen, Aufführungen vorzubereiten und letztendlich, um zu spielen. Bei dieser Übersicht steht das Puppenspiel für Zuschauer im Mittelpunkt, und oft genug dient es der Unterhaltung und der Freude. Es kann aber auch anders sein, mal geht es um eine Arbeitsaufgabe im Unterricht, mal wird eine Geschichte erzählt und im Spiel ausgelegt.
Auch in der Benutzung und in der Führung der Puppen gibt es wesentliche Unterschiede, die bei den jeweiligen Anlässen zu beachten sind:

— Kinder spielen ohne Bühne ein Stück nach und setzen sich mit der Geschichte auseinander.
— Kinder und Jugendliche bauen Puppen oder haben Puppen in der Hand und entwickeln ein Thema. Sie erschließen das Thema vielleicht in einem offenen Rollenspiel mit Puppen.
— Mitarbeiter oder Lehrer oder (ältere) Kinder spielen anderen ein gut ausgearbeitetes Stück vor.
— Ein Leiter, eine Pfarrerin, eine Lehrerin oder ein Jugendmitarbeiter besitzen eine Solopuppe und unterhalten sich mit den Kindern. Vielleicht sprechen sie durch die Puppe ein Problem an, vielleicht begegnen sich aus Spaß und Tollerei zwei aufgedrehte Sprechpuppen, vielleicht werden stille Kinder durch die Puppe aus der Reserve gelockt, vielleicht hilft die Puppe im Einzelgespräch in einer Seelsorge- oder Beratungssituation.

Es gibt also zahlreiche Situationen, Varianten und Gelegenheiten, um Puppen in die Gemeindearbeit einzubeziehen.
Wenn wir nun verschiedene Gelegenheiten für das Puppenspiel näher betrachten, so liegt ein wichtiger Unterschied nicht so sehr im Aufführungsort, sondern in dem Anspruch (Ziel) und in der inhaltlichen Aufgabe (Thema), die das Puppenspiel erfüllen soll:

● Bei religionspädagogischen oder sozialpädagogischen Aufgaben brauchen wir keine Bühne, die Kinder oder Spieler müssen nicht laut reden können, die Technik der Puppenführung ist nicht wichtig.

● Bei internen Aufführungen im kleinen Kreis müssen alle den Text verstehen können und die Puppenführung sollte so sein, daß man die Puppen – in etwa – sieht (dies klingt einfach, ist es aber oft nicht, manchmal schaut gerade noch der Kopf über den Bühnenrand). Eine Bühne kann helfen, daß die Spieler ihre Scheu verlieren, da sie nicht zu sehen sind.

● Bei einer offiziellen Aufführung vor Zuschauern verändert sich alles. Eine Bühne ist hilfreich, ebenso eine Kulisse oder ein Hintergrund. Die Sprache muß in Lautstärke und Betonung stimmen. Das Stück muß inhaltlich sinnvoll sein, es kann also nicht aus dem »Bauch« etwas spontan vorgespielt werden.

● Sprechpuppen fallen auch bei Aufführungen aus dem Rahmen. Diese Puppen können ohne Bühne und Kulisse auftreten, sie können direkt Menschen ansprechen. Außerdem sieht der Spieler das »Publikum«. Dies ist ein nicht zu verachtender Vorteil. Wenn (!) man genug geübt ist, steigt man mit dem Zuschauer in einen Dialog ein.

Nun zu den unterschiedlichen Gelegenheiten. Was kann man alles machen! Wir stellen ein paar Ideen vor und vertrauen darauf, daß Sie sich zu weiteren eigenen Einfällen anregen lassen. Oft genug braucht man für ein Stück eine Idee und schon geht die Aufgabe fast von selbst weiter.

1. Gottesdienste

In den Gottesdiensten geht es vor allem darum, anderen Menschen ein Stück vorzuspielen. Zumeist brauchen wir eine Bühne oder einen Bühnenersatz, manchmal eine Verstärkeranlage und entsprechende (große) Puppen.

● Wir können im **Familiengottesdienst** eine ganze Geschichte spielen. Ja, sie übernimmt auch die Aufgabe einer Predigt. Bauen Sie die Bühne hoch genug, damit alle zusehen können; bitte denken Sie dabei an die »Kleinen«. Wichtig ist auch, daß die Mitspieler – besonders Kinder – laut genug und deutlich sprechen.

● Auch an einer **Predigt** können ein oder zwei Puppen beteiligt sein. Die Puppe könnte die Pfarrerin alles fragen, was bei der Predigt vielleicht nicht leicht zu verstehen ist. Dabei muß auch die Puppe gut verstehbar und sichtbar sein. Solch ein Gottesdienst braucht eine gute Vorbereitung.

● Im **Kindergottesdienst** kann oft gespielt werden. Mal werden es vorbereitete Stücke sein, mal ein Anspiel, mal spielen die Kinder eine Erzählung nach. Das Puppenspiel kann schön und wichtig sein, aber es dient nur dem Augenblick. Dafür brauchen Sie keine »Bühne«, oft genug bedeutet dies zu viel Aufwand und Vorbereitung. Hier reichen zwei Tische oder eine Stange mit Tuch zwischen den zwei Türpfosten.

● Im **Schulgottesdienst** stehen selten Leute aus der Gemeindearbeit zur Verfügung. Vielleicht können die Lehrer mitspielen? Oder die Kinder spielen ein eingeübtes Stück vor, vielleicht brauchen Sie dazu ein Mikrofon?

● Erzieherinnen können angeregt werden, für den **Kindergartengottesdienst** ein Stück vorzubereiten und zu spielen. Es macht Freude, gerade für die Kleinen zu spielen, denn diese Kinder beteiligen sich während des Spieles aktiv, das Spielen wird zum Dialog, die Kinder gestalten lebendig mit.

2. In der allgemeinen Gemeindearbeit

● Am **Gemeindefest** können Gruppen unterschiedliche Stücke vorspielen. Vorstellbar sind thematische Stücke, z.B. nach dem Lied des Grips-Theaters »Wer sagt, daß Mädchen dümmer sind«, auch ein Kaspertheater ohne moralischen Zeigefinger macht Spaß. Wenn Sie in einem verdunkelbaren Raum spielen, können Sie leicht besondere Effekte, wie Licht und Rauch einsetzen.
Warum aber nicht ein biblisches Stück mit einer improvisierten Bühne im Freien spielen?
Zwischen zwei Bäumen/Wänden wird ein großes schwarzes Tuch gespannt, die Kulisse ist eine riesige Regenbogenfahne. Große Puppen spielen z.B. die Noahgeschichte. Das Kindergottesdienstteam könnte alles planen, vorbereiten und spielen. Der Text und die Musik werden vorher aufgenommen und fertiggestellt, anschließend werden Sie durch eine Cassette über eine Lautsprecheranlage eingespielt. Die Spieler bewegen die Puppen und die Arche, ebenso die Lamettastreifen, die an einer Stange befestigt sind und den Regen darstellen.

● Für die **Seniorenadventsfeier** wird im Gemeindesaal ein Stück überlegt. Manche Möglichkeiten bieten sich an: die Legende vom 4. König, Ausschnitte aus dem Fliegenden Klassenzimmer (Erich Kästner) oder aus Michel (Astrid Lindgren). Sie können auch ein Stück kleiner und bescheidener selbst schreiben.

Noch ein Tip: Als Bühne kann der Vorhang einer richtigen Bühne einbezogen werden. Er wird ca. 3 Meter geöffnet und bildet den Rand der Puppenbühne. Mit einer waagrechten Leiste (in der entsprechenden Höhe) und einem daran befestigtem Tuch werden die Vorhänge verbunden. Es entsteht auf einfache Weise eine variable Bühne, die besonders einfach eine gute Höhe für die Puppenspieler gewährleistet. Dahinter wird die Kulisse aufgehängt oder aufgestellt.

3. Einige Ideen zum Unterricht oder zur Gruppenarbeit

Im folgenden sind stichwortartig einige Ideen als Anregungen zusammengestellt:

● In einer Projektphase im Konfirmandenunterricht werden Puppen gebaut, und es wird ein eigenes Stück, z.B. für den Gottesdienst, entwickelt.

● Alle Kindergottesdienstmitarbeiter basteln sich ihre Handpuppe, mit der sie die Kinder in der Gruppenarbeit ansprechen können.

● Stellen Sie einen Satz kleiner Fingerpuppen für die Kinder her; damit können Sie hinter jedem Tisch und sogar auf dem Arm spielen.

● Zwei Puppen gehören fest in eine Schulklasse, sie sind Bestandteil des Unterrichts und werden zum Erläutern oder auch bei Konfliktsituationen zwischen Kindern einbezogen. Kinder, die sich z.B. streiten, erhalten je eine Puppe und lassen die Puppe den Konflikt austragen. Wer Erfahrung mit Rollenspiel hat, kann die Kinder anregen, den Konflikt auch intensiv durchzuarbeiten.

Rüdiger Maschwitz

Was auch noch dazu gehört

Bühne

(1) Wenn wir mit einer einzelnen Puppe spielen (»Erzählpuppe«), brauchen wir überhaupt keine Bühne. Wer unbedingt so etwas wie eine »Bühnenrampe« haben möchte, kann dazu den freien Unterarm, waagerecht etwa in Brusthöhe, ca. 20 cm vor dem Körper gehalten, benutzen.
Aber auch bei einem Dialog zwischen zweien (oder gar mehreren) ist eine Bühne nicht nötig. Die Zuschauer – man muß sich das immer wieder klarmachen! – sind sowieso auf die Puppen und ihr Gespräch konzentriert, nicht auf die Spieler, vorausgesetzt die Puppen spielen und sprechen miteinander und nicht die Spieler. Man muß also die Spieler absolut nicht verschwinden lassen.
(2) Die einfachste Bühne ist ein gekippter Tisch, dessen Platte den Zuschauern zugewandt ist. Kippt man den Tisch hochkant, ist die Bühne zwar kleiner (es sei denn, man nimmt zwei Tische nebeneinander), aber der/die Spieler müssen sich nicht auf den Boden hocken, sondern können z.B. auf einem niedrigen Schemel oder Flaschenkasten sitzen oder hinter dem Tisch knien.
Sofern in einem »normalen« Raum mit einer für die Zuschauer wenigstens halbwegs günstig gelegenen Tür gespielt wird, kann eine in geeigneter Höhe angebrachte Verdeckung eine gute (wenn auch schmale) Bühne abgeben. Noch günstiger ist natürlich eine Doppel(schiebe)tür, weil sie eine breitere Bühne abgibt (und – sofern gewünscht – einen »Vorhang« in Gestalt der Schiebetüren!)
(3) Wo es technisch möglich ist, kann man eine feste Schnur (Seil) in der vor dem/den Spieler/n entsprechenden Höhe spannen und ein Tuch daran befestigen (Stecknadeln). Da so eine Bühne wegen des Gewichts des Stoffes fast immer durchhängt, nimmt man besser eine entsprechend lange Latte oder gar einen leichten Balken, deren Enden auf hochkant gestellte oder aufgestellte Tische (+ Stühle) gelegt werden.
Bei solchen »Konstruktionen« sollte man bedenken, daß sie – z.B. in einem Familiengottesdienst – möglicherweise gleich nach der Aufführung (also noch im Gottesdienst!) ohne großen Aufwand und rasch abgebaut werden müssen, weil der Platz für anderes benötigt wird.
Sowohl für (2) wie (3) muß man einkalkulieren, daß alle Puppen beim Auftritt von unten kommen. Das kann sehr komisch aussehen. Wer es vermeiden will, muß seitliche Sichtblenden vorsehen!

(4) Wenn nur höchstens zwei Spieler die Puppen führen, kann auch ein übliches »Kasperletheatergehäuse« benutzt werden, das man ggf. auf einen Tisch stellt. Hat es bewegliche Seitenteile, kann man diese so stellen, daß die Spieler gut stehen können und doch verborgen sind. Allerdings sollte man das Verhältnis von Bühne (Höhe) und Größe der Puppen bedenken!

(5) Wer häufig und (manchmal) mit mehreren Spielern eine Aufführung durchführt, wird sich ein entsprechendes Theater aus Latten, Stoff usw. selbst bauen.

Man sollte dann mit den Ausmaßen nicht zu sparsam sein! Die Breite einer Bühne kann man immer noch durch seitliche (vorhangartige) Anbringungen verkleinern, die Höhe durch ein verstellbares Stoffteil (wie ein Rollo) variieren.

Jedoch: Je größer solch ein Theater ist, desto massiver und schwerer wird es ausfallen und desto schwieriger wird der Transport, das »Abstellen« und die Unterbringung. Diese Probleme sollte man beim Bau von vornherein bedenken!

(6) Eine Bühne muß nicht wie eine »klassische« (Guckkasten-)Bühne aussehen. Sie kann z.B. auch aus großen, nebeneinanderstehenden, verschieden hohen Kartons bestehen, die aneinander befestigt sind. In sie hinein kann man Fenster, Türen und andere Öffnungen schneiden. Die Bühne ist dann zugleich Kulisse. – Mit dieser Art Bühne ist man beweglich; sie kann für jedes Stück neu entstehen, sie ist preiswert und originell.

(7) Für Leute, die auf ein »richtiges« Theater nicht verzichten wollen, aber Unterbringungsprobleme haben oder in wechselnden Räumen spielen, empfiehlt sich das »aufgehängte« Theater (siehe Skizze)

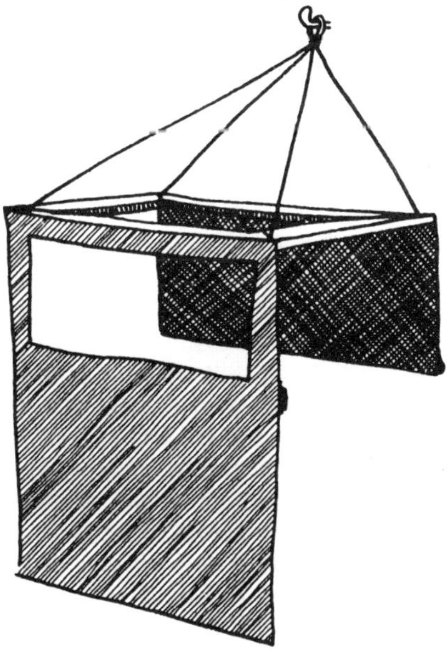

Voraussetzung ist hier, daß man eine tragfähige(!) Anbringung an der Raumdecke hat oder mindestens einen kräftigen Wandhaken.

a) Der Hauptteil ist ein rechteckiger Lattenrahmen. Er ist etwa 70 cm breit bzw. tief und für einen Spieler etwa 90 cm lang, für zwei Spieler etwa 120 cm, für drei ca. 150 cm. Je länger desto kräftiger müssen die Latten sein.

Die Latten werden zusammengeschraubt und evtl. durch Eisenwinkel verstärkt oder – falls man ganz »beweglich« und »transportfreundlich« sein will – mit Flügelschrauben zusammengehalten.

b) Die vordere »Verdeckung« (= »Proszenium«) besteht aus festem, unifarbenem Stoff, der 90 cm bzw. 120 oder 150 cm breit ist. Die Länge des Stoffes richtet sich nach der Höhe der Aufhängung des Theaters bzw. der Größe der Spieler. – Normalerweise geht man von der Größe des größten Spielers aus: In der Höhe seines Scheitels (stehend!) verläuft die Bühnenrampe; dazu kommt die Bühnenhöhe von 60–70 cm, dazu die obere Abdeckung von ca. 10–15 cm. (Beispiel: der größte Spieler ist 175 cm + 60 cm + 15 cm = 250 cm). Sitzen die Spieler beim Spielen, wird das ganze natürlich entsprechend bemessen.

Da das ganze Theater höhenverstellbar ist, empfiehlt es sich, an der Länge des Stoffes nicht zu sparen: Wenn ein mehr oder weniger langes Stück Stoff auf dem Boden liegt, macht das ja nichts.

Aus diesem Stoff wird die Bühnenöffnung geschnitten, 60–70 cm hoch und so breit, daß mindestens noch auf jeder Seite ca. 15 cm als seitliche Abdekkung stehen bleibt. Oben und seitlich wird gesäumt bzw. ein Schrägband angebracht. Für die Bühnenrampe nähen wir von innen (!) ein Band, durch das eine Tapetenleiste oder ein Rundstab geschoben wird.

Schließlich wird dieses Stoffteil an das entsprechende Lattenteil genagelt.

c) Für die Hintergrundabdeckung braucht man ein Stück Stoff von 90 bzw. 120 oder 150 cm Breite und einer Höhe/Länge von ca. 80–90 cm. Unten säumt man es breit und schiebt eine Tapetenleiste oder einen Rundstab hindurch, damit der Stoff straff herabhängt. Dieses Tuch wird an die andere Latte genagelt.

Dies Tuch ist einfach Hintergrund oder Aufhängefläche für Kulissen oder Kulissenteile.

Will man einen verstellbaren oder wechselnden Hintergrund haben, so wird das Tuch nicht an die o.g. Latte, sondern an eine lose, entsprechend lange Latte angenagelt, deren Enden auf dem Lattenrahmen lose aufgelegt werden. Diese Latte mit Tuch kann man je nach Absicht mehr oder weniger nah Richtung Bühnenrampe bewegen. Auch seitliche Abdeckungen oder verschiedene Kulissen lassen sich auf diese Weise leicht anbringen.

Noch ein Tip: Wer am liebsten stehend spielt, aber die Arme nicht hochrekken und dennoch verdeckt sein will, wählt als Hintergrund einen (fast) durchsichtigen Stoff und bringt ihn an einer beweglichen Latte (s. o.) an: Der Spieler wird von diesem Stoff verborgen *und* kann doch Puppen und Zuschauer sehen!

d) Das Wichtigste ist die Aufhängung: Vier kräftige(!) Schnüre werden an den vier Ecken des Lattenrahmens befestigt und an den Enden zusammengeführt (-geknotet), am besten in einem stabilen Ring. Die Länge der Schnüre richtet sich natürlich nach der Höhe des zur Verfügung stehenden Hakens an Decke oder Wand bzw. der gewünschten Höhe des Theaters. Ganz Raffinierte bringen an jeder Schnur eines jener Teile an, wie man sie bei Zeltschnüren benutzt zu deren Straffung: So kann man jede Schnur einzeln verstellen! Dies ist um so wichtiger, wenn man das Theater mal von der Decke, mal von der Wand, mal hoch, mal tief aufhängen will oder muß.

Kulisse

Wichtiger als eine Kulisse ist sicherlich das gute, spannende Spiel, der gelungene Dialog, durch den der Ort der Handlung beiläufig so weit bekannt wird, daß die Zuschauer wissen: Wir befinden uns jetzt in einem Haus, einem Stall, am See, auf einem Feld usw. Man sollte der Phantasie der Zuschauer schon etwas zutrauen ...!
Allerdings: Wenn unsere Bühne so im Raum steht, daß die Zuschauer im Hintergrund ein Ölgemälde mit Alpenlandschaft, ein Bücherregal oder einen Garderobenständer mit Anoraks zu sehen kriegen, während im Vordergrund der Petrus ständig vom See Genezareth schwärmt, dann kann das zu erheblichem Gelächter führen. In diesem Fall empfiehlt sich, die störenden Elemente vorher zu beseitigen oder zu verdecken: ein Hintergrund in Gestalt hochkant gestellter Tische oder eine Latte mit Tuch an einem Kartenständer oder eine gespannte Schnur mit Tuch dran läßt sich immer irgendwie schaffen.
Natürlich kann es sein, daß ein Gegenstand eine wichtige Rolle in unserem Stück spielt: z.B. der Feigenbaum in Lk 13,6ff. oder (falls man es mit Puppen spielt) der Tisch beim Abendmahl oder das (Stück) Zelt, hinter dem Sarah lauscht (1 Mose 18). Dann werden wir sicher dieses notwendige Stück, aus Pappe, Holz, Stoff oder dergleichen gebastelt, anbringen (auf dem Hintergrund oder an der Bühnenrampe).
Will man jedoch – aus welchen Gründen auch immer – unbedingt eine Kulisse haben, so muß folgendes bedacht werden:

- Wie/wo bringt man die Kulisse an? (je nach Bühne – siehe unter »Bühne«)
- Woraus soll sie bestehen? (Papier, Pappe, Stoff). Wird sie nur einmal benutzt oder irgendwann wieder, ist sie also aufzubewahren?
- Wie groß muß sie auf jeden Fall sein?
- Wie wird sie gemalt und wer kann das? Dabei ist u.a. die Größe der Puppen zu berücksichtigen (eine 10 cm hohe gemalte Tür für 25 cm hohe Puppen ist einfach lächerlich).

Abgebildet wird nur das unbedingt Nötige und dies großflächig (ohne liebliche Kleinigkeiten), in kräftigen Farben.
Für Anfänger in der Kulissenmalerei empfiehlt sich, im aufgebauten Theater den Hintergrund (Pappe, Tuch) aufzuhängen und z.B. mit einem Kohlestift einen Entwurf zu machen, den man aus der Position des Zuschauers (!) immer wieder überprüfen und evtl. verändern kann, bevor man ihn ausmalt.
Übrigens: Wenn man ein Tuch bemalt, sollte man keine Farben verwenden, die nach dem Trocknen bei stärkerer Bewegung des Tuches (oder beim Zusammenlegen bzw. -rollen) abbröckeln!
Ein Tip: Wenn man eine Kulisse braucht, die Landschaft, Wald, Weinberg oder dergleichen zeigt, so kann man gut mit breitem Filzstift auf dünne Folie (wie sie der Anstreicher zum Schutz des Bodens ausbreitet) malen: Beim geringsten Luftzug »wabert« die Folie und wirkt, als wehe ein leichter Wind durch den Wald oder Weinberg. Das wirkt sehr »echt«!

Noch ein Hinweis: Bei einem Stück mit öfter wechselnden Orten ist der Wechsel der Kulisse kaum zu vermeiden. Man sollte jedoch überlegen, ob nicht – bei entsprechend breiter Bühne – die Kulisse die verschiedenen Orte aufnehmen kann und also lediglich die Puppen den »Spielort« wechseln. – Ist der Wechsel jedoch nicht zu vemeiden, muß man sich vorher genau überlegen, wie dies technisch am günstigsten zu machen ist: Der plötzlich auf der Bühne erscheinende Spieler (oder auch nur seine Arme und Hände), der ab- und aufhängt, reißt die Zuschauer aus dem Spielablauf und zerbricht den Spannungsbogen seines Spiels!
Und schließlich: Mit einigem Geschick kann man das »Bühnenbild« projizieren, indem man als Hintergrund ein weißes Tuch aufhängt und von vorn (also von den Zuschauern her) ein geeignetes, zumeist selbstgemaltes Dia oder OH-Folie auf das Tuch projiziert. Dazu muß jedoch die Bühne bzw. das Tuch relativ groß sein und das Bild für die Projektionsfläche in seinen Proportionen geeignet sein. Aber Achtung: Alle Apparate schnurren!
Noch eine Idee: Falls man Flanellbilder hat (und hier insbesondere natürlich die nichtfigürlichen Teile), kann man auf entsprechendem festem (!) Hintergrund (Flanelltafel) mit solchen Teilen gut eine Kulisse gestalten, die auch rasch »umzubauen« ist. Allerdings sollte dann das Größenverhältnis Puppen – Flanellteile zumindest halbwegs stimmen. Oder man macht sich solche – immer wiederkehrenden – Teile (Bäume, Häuser, Mauer usw.) selbst aus dünner(!) Pappe, malt sie entsprechend an, versieht sie mit Haftstreifen und kann also immer wieder mit deren Hilfe Kulissenbilder gestalten.

Requisiten

Das sind die – zumeist beweglichen – Dinge, die im Spielverlauf eine wesentliche Rolle spielen.
Das meiste an Requisiten darf man auch beim Puppenspiel der Phantasie der Zuschauer überlassen: Wenn der Petrus einen Becher Wasser trinkt, braucht er dazu nicht einen seiner Puppengröße angepaßten tönernen Becher mit Henkel und Verzierungen. Wenn er nur so tut, als habe er ihn in der Hand, und diese zum Munde führt, den Kopf nach hinten neigt und eben »trinkt«, dann »sehen« die Zuschauer den Becher …
Wir werden also weithin auf »echte« Requisiten verzichten, schon allein deshalb, weil wir beim Puppenspiel »keinen Boden unter den Füßen« haben, also nichts, wo wir diese Dinge hinlegen und absetzen können – es sei denn auf der Bühnenrampe (und auch das ist schwierig).
Insofern beschränken wir uns auf das Allernotwendigste, und vor allem: Machbare! Insbesondere verzichten wir auf plötzlich aus der (Bühnen)Tiefe an einem Stecken hervorwachsende Dinge. Wenn schon, dann muß eine Puppe das Ding hereintragen oder auf die Bühne schieben.
Dabei sollte allerdings der Gegenstand an einem Stöckchen, einem Rundstab oder dergleichen befestigt sein; denn je nach Beschaffenheit der Puppe bzw.

ihrer Hände ist eine Übergabe (z.B. einer Buchrolle) an eine andere Puppe oft schwierig. Auch die Ablage an/auf der Bühnenrampe muß vorher genau überlegt werden; ohne gewisse »Hilfskonstruktionen« ist dies meist nicht machbar.

Beleuchtung

Normalerweise kommen wir ohne besondere Beleuchtung aus, das normale Tages- oder Lampenlicht reicht aus. Will man aber bestimmte Lichteffekte erzielen (z.B. Nacht, Dämmerung) oder gewisse »Stimmungen« erzeugen oder eben das Bühnengeschehen sich abheben lassen, so muß der Scheinwerfer her.

Eine Beleuchtung innerhalb der Bühne – z.B. durch ein oder zwei kleine Spots – leuchtet zwar den Bühneninnenraum aus, läßt aber die zumeist an der Bühnenrampe agierenden Puppen unbeleuchtet bzw. wie Totenköpfe erscheinen. Diese kann man nur ins rechte Licht setzen, wenn außerhalb – also vor dem Puppentheater – die Lampen angebracht sind. Bei einer kleinen Bühne reichen hier zwei seitlich postierte, etwa 1–1,5 m entfernte Spots auf Höhe der Bühne aus.

Bei einer größeren Bühne wird die Sache komplizierter und kann hier nicht im einzelnen beschrieben werden.

Geräusche

Wenn es ganz »realistisch« zugehen soll, braucht man manchmal Geräusche: Marschierende Soldaten, Schwerterklirren, heulenden Wind, singende oder schreiende Leute, klappernde Hufe, das Rollen einer Kutsche, Wasserplätschern usw. – und bei einer außerbiblischen Geschichte, die in unseren Tagen spielt, ist es vielleicht Verkehrslärm oder dergleichen.

Natürlich kann man das der Phantasie der Zuschauer/-hörer überlassen, indem man nur mit ein paar Worten andeutet, was los ist, z.B.:

A.: »O Mann, was für ein Sturm!«
B.: »Ja – schrecklich!«
A.: »Hör' nur, wie er heult!«
B.: »Da – Äste brechen ...«

Das genügt, um klarzumachen, was sich da tut, was zu hören ist.

Zum anderen können die Spieler im Augenblick, wo es gefordert ist, das Geräusch produzieren, sofern möglich und machbar. Das sollte aber vorher geprobt werden. Und lieber weglassen, als daß die Kinder an ungeeigneter Stelle Lachkrämpfe kriegen.«

Die dritte Möglichkeit ist, das Notwendige zuvor auf Kassette aufzunehmen und dann einzuspielen. Das hat den Vorteil, daß man längere Zeit z.B. den Sturm heulen lassen kann, daß man auf – und abblenden kann, daß er auch

(leise) heult, während die Spieler weitersprechen usw. Aber auch das sollte man genau probieren, damit der angesagte Sturm nicht erst zu Heulen beginnt, wenn er nicht mehr von Belang ist.
Es gibt auch Kassetten mit »fertigen« Geräuschen im Fachhandel zu kaufen.

Regie

Das heißt: den Spielverlauf als Ganzes und im einzelnen kritisch begleiten. Ein Einzelspieler führt sozusagen selber Regie. Dennoch ist es gewiß ratsam, wenn ab und zu ein »Kundiger« unter den Zuschauern/-hörern ist, der dem Spieler sagt, was gut war und was vielleicht noch besser zu machen wäre, worauf er zu achten hat usw.
Bei zwei Spielern ist es zumindest gut, wenn bei einer Probe (falls eine solche stattfindet!) einer zuschaut, der z.B. die Haltung der Puppen, die Dialoge usw. beobachtet und ggf. korrigiert.
Wenn mehrere Spieler ein größeres Stück mit mehreren Puppen durchführen, wenn Kulissen und Beleuchtung eine Rolle spielen, wenn vor vielen Zuschauern (z.B. in einem Familiengottesdienst, bei einer Kinderbibelwoche, einem Gemeindefest usw.) gespielt wird, sollte unbedingt ein Regisseur die Proben begleiten. Denn nur ein sehr erfahrener Spieler hat eine Vorstellung, wie sein Spiel vom Zuschauer aus gesehen wirkt. Dies aber kann der Regisseur sehen und erleben und entsprechend eingreifen.
Das Mindeste ist, daß er überprüft, ob man auch in der letzten Reihe des Raumes (und bei einem gewissen Geräuschpegel) alles verstehen kann, was die Spieler sagen. Er wird sich vorher einen Plan machen an Hand des Drehbuchs (das er im übrigen sehr gut kennt!), welche Puppe von wo auftritt, wie und wo sich die Puppen gruppieren und wohin sie abgehen.
Zum anderen wird er die Bewegungen, Wendungen und Führung der Puppen überwachen und evtl. korrigieren.
Weiterhin beachtet er das Sprechen der Spieler in bezug auf Lautstärke, Deutlichkeit, Ausdruck, Schnelligkeit, Pausen usw. und achtet darauf, daß die Sprecher sich nicht ständig ins Wort fallen.
Und schließlich achtet er darauf, daß es mit der Dramatik des Spiels stimmt: Wie sich das Spiel zum Höhepunkt hin entwickelt und wie es zu Ende geht, daß Spannung durchgehalten wird.
Hinzu kommen technische Fragen wie Kulissen(wechsel) und Beleuchtung, Geräusche, evtl. Musik usw. Es soll das Spiel nicht unbedingt perfekt, aber doch ohne größere Pannen verlaufen.
Die große Kunst des Regisseurs ist es, zwar Autorität auszustrahlen, aber nicht autoritär zu sein, die Spieler zu ermutigen durch Lob – und sie nicht kaputt zu machen durch endlose Wiederholungen und Proben ...

Jürgen Koerver

II.
Wie man Puppen macht

Übersicht

1. Puppen aus Servietten oder Taschentüchern
2. Puppen aus Papier- oder Plastiktüten
3. Puppen aus Streichholzschachteln
4. Einfache Strumpfpuppen
5. Puppen aus Holzkochlöffeln
6. Puppen aus alten Spülmittelflaschen
7. Puppen aus Papiertellern
8. Puppen aus Wellpappe
9. Stöckchenpuppen
10. Flachfiguren
11. Pappröhrenpuppen
12. Fingerpuppen
13. Handschuhpuppen
14. Gestrickte Tierhandpuppen
15. Klappmaulfiguren aus Strümpfen
16. Genähte Tierfiguren

16a. Ochs und Esel als Stoff-Spielfiguren mit beweglichem Maul

17. Stockpuppen aus Kartoffelstampfern
18. Stockpuppen aus Kleisterpapier
19. Handpuppen mit modelliertem Kopf
20. Große Stabpuppen/Besenstielpuppen
21. Stockpuppen mit Nackenführung
22. Marionetten

Vorbemerkung

In unsere Zusammenstellung von Spielpuppen haben wir nur solche aufgenommen, die wir mit Kindern und Jugendlichen selbst ausprobiert haben. Sie alle lassen sich mit relativ geringem Aufwand herstellen. Die Zeit, die man für ihre Bearbeitung braucht, steht in einem guten Verhältnis zu der Qualität der Figur und den Anforderungen an ihren Einsatz. Die einfachsten Puppen werden sicherlich noch am Tag ihrer Herstellung zum Spielen gebraucht und dann mit nach Hause genommen. Sie werden später keine Rolle mehr spielen, oder sie lassen sich ebenso schnell neu machen. Aufwendigere Puppen stellt man eher her, um sie über eine längere Zeit – vielleicht in einem ganzen Geschichtenzyklus – immer wieder einzusetzen. Die Großfiguren haben ihren Platz in besonderen Gottesdiensten, bei Gemeindefesten und anderen Höhepunkten des Gemeindelebens, wo sie gebührend zur Geltung kommen.
Den ganzen Bereich der Schattenspiel-Figuren haben wir aus dieser Veröffentlichung bewußt herausgelassen. Dazu ist ein Mindestmaß an Technik (Lichtquelle, Leinwand) nötig, die nicht überall zur Verfügung steht. Wer Freude am Puppenspiel gefunden hat, kann sich mit der entsprechenden Literatur (siehe Anhang) selbst an das Thema »Schattenspiel« heranarbeiten.
Unsere Puppenvorschläge haben wir in etwa nach der Reihenfolge ihrer Schwierigkeit angeordnet.
Außer den jeweils angegebenen Materialien sollten immer auch bereitgehalten werden:

- Alleskleber
- Schere
- Bleistift
- Filzstifte

1. Puppen aus Servietten oder Taschentüchern

Das sollte bedacht werden:

* Leichte Herstellung
* kaum Unkosten
* Arbeitszeit ca. 5 Minuten
* sofort spielbereit
* Bühne möglich, aber nicht erforderlich
* keine Spielerfahrung nötig

Das wird gebraucht:

- Ein großes Taschentuch oder eine Serviette
- Klebeband

Und so wird's gemacht:

FORM A:
Den oberen Teil eines großen Taschentuches bindet man mit einem Knoten ab. Zum Spielen steckt man den Zeigefinger in den Knoten.
Nimmt man statt dessen eine Papierserviette, kann man Löcher hineinreißen oder -schneiden, durch die der Daumen und der Mittelfinger gesteckt werden.
Mit Filzstiften evtl. ein Gesicht auf den Knoten malen.

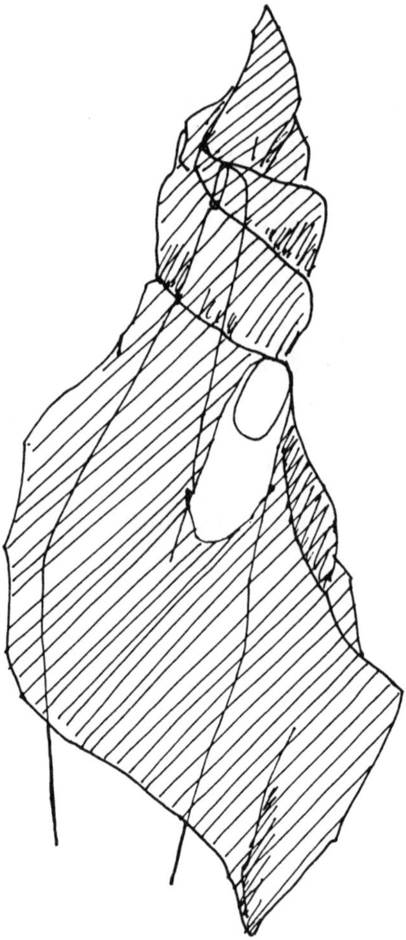

Form B:
Ein Tempotaschentuch zu einer festen Kugel formen und in die Mitte einer Papierserviette oder eines Taschentuches legen. Den Zeigefinger in die Kugel stecken und die Serviette mit einem Streifen Klebeband zusammenraffen.
Ein Gesicht aufmalen.

▶ Tip:
Auch ein über die Hand gezogener Pulloverärmel kann als Puppe benutzt werden (erfolgreich ausprobiert mit der Geschichte von der Kindersegnung).

2. Puppen aus Papier- oder Plastiktüten

Das sollte bedacht werden:

* Leichte Herstellung
* kaum Unkosten
* Arbeitszeit ca. 10 Minuten
* sofort spielbereit
* Bühne möglich, aber nicht erforderlich
* keine Spielerfahrung nötig

Das wird gebraucht:

- Eine große Papier- oder Plastiktüte oder ein quadratisches Stück Papier von ca. 25 cm Seitenlänge
- Klebestreifen
- alte Zeitung
- Kordel, feste Wolle o. ä. zum Abbinden
- evtl. Wolle, Fellstücke o. ä. für Haare
- evtl. ein Rundholzstab

Und so wird's gemacht:

FORM A:
Eine große Papier- oder Plastiktüte wird am geschlossenen Ende mit einer Kugel aus zusammengeknülltem Zeitungspapier gefüllt. Die Kugel wird abgebunden. Dadurch entsteht ein Kopf und gleichzeitig ein Kleid.
Auch Hände lassen sich auf diese Weise abbinden.
Ein Gesicht kann gemalt werden.
Aus Woll- oder Fellresten kann eine Frisur gestaltet werden.
Die Puppe kann mit dem Finger oder durch einen Stab geführt werden.

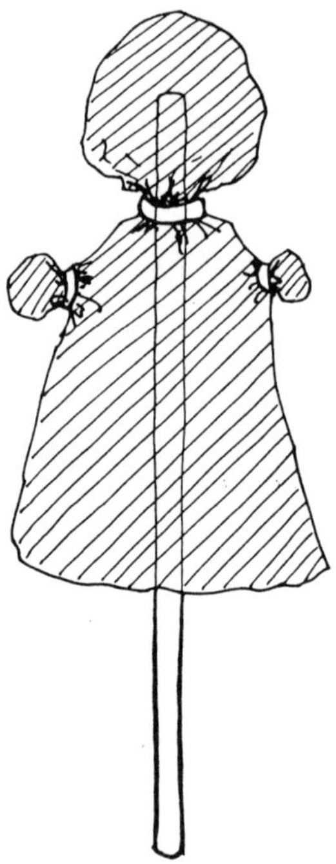

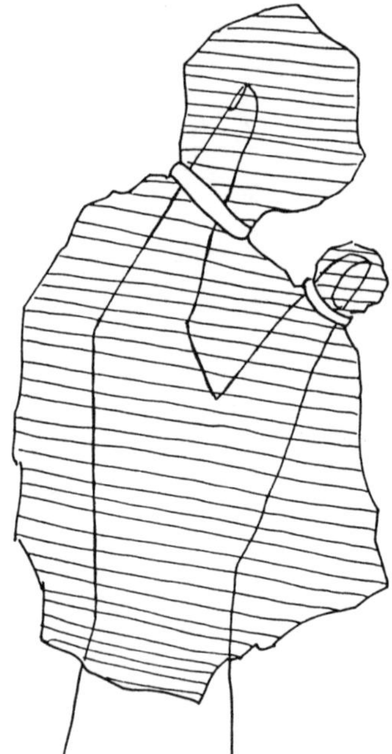

Form B:
Eine spitze Papiertüte wird auf die andere Seite gedreht, um die Beschriftung verschwinden zu lassen. Das spitze, geschlossene Ende wird der Kopf der Figur. Die Tüte wird dort entsprechend bemalt und gestaltet. Es reichen schon Augen, Nase und Mund, um eine spielfähige und ansprechende Figur zu erhalten.
Zum Spielen steckt man den Unterarm so weit es geht in die Tüte hinein. Die Hand des Spielers befindet sich hinter dem Gesicht. Der Rest der Tüte bildet das Kleid der Figur.

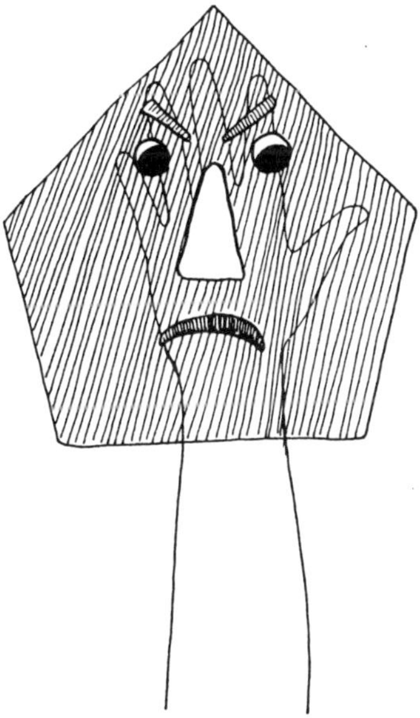

Form C:
Wenn man keine fertige Tüte bekommt, stellt man sie sich aus einem quadratischen Stück Packpapier selbst her:

- Zwei Seiten aufeinanderfalten (um Mittellinie zu erhalten).
  Zwei benachbarte Ecken zur Mittellinie falten.
- Die umgefalteten Ecken mit einem Klebestreifen befestigen.
- Die Seiten nach unten hin etwas abschrägen.
- Die Vorderseite bemalen oder bekleben.

Zum Spielen die Hand in die Spitze schieben.
(In einer Schulklasse entstanden so im Handumdrehen die Heere von David und Goliath.)

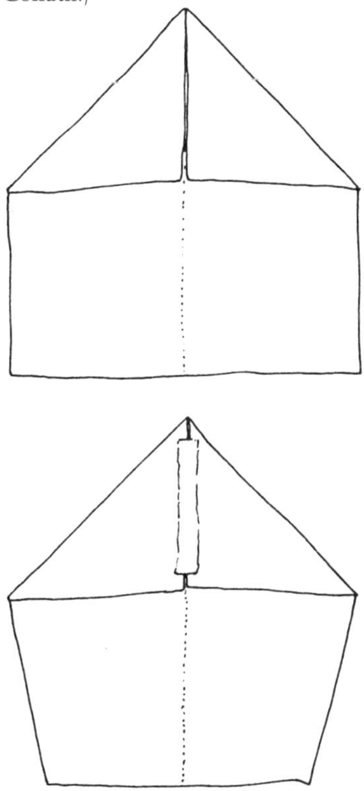

3. Puppen aus Streichholzschachteln

Das sollte bedacht werden:

* Leichte Herstellung
* kaum Unkosten
* Arbeitszeit ca. 5 Minuten
* sofort spielbereit
* keine Bühne
* keine Spielerfahrung nötig
* vorzüglich geeignet für Szenen mit vielen Darstellern (z. B. Josef wird von seinen Brüdern gefangen und verkauft)

Das wird gebraucht:

- Eine leere Streichholzschachtel
- Papier zum Bekleben
- Wolle für Haare

Und so wird's gemacht:

Aus einer Streichholzschachtel die Schublade herausnehmen.
Die Hülle der Schachtel mit einem Streifen Papier bekleben.
Auf einer Seite ein Gesicht aufmalen.
In die obere Öffnung Wolle kleben.
Zum Spielen ein bis drei Finger in die Schachtel stecken.

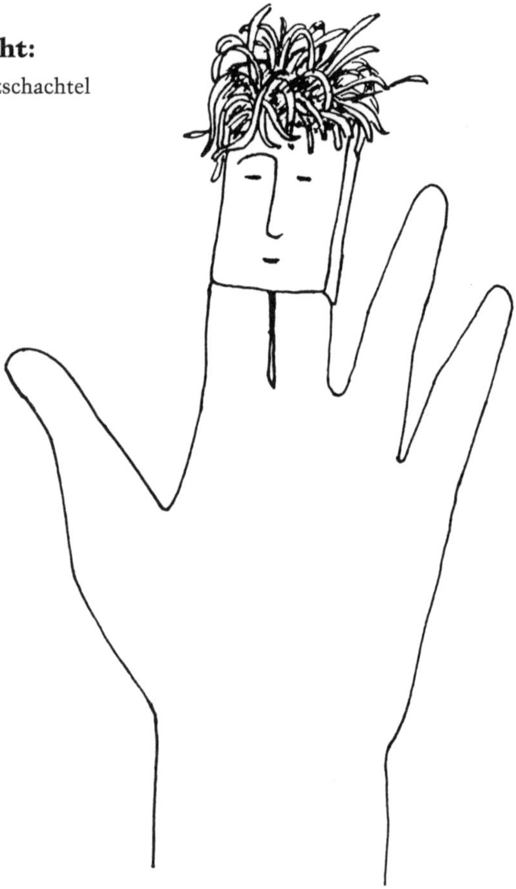

4. Einfache Strumpfpuppen

Das sollte bedacht werden:

* Wahrscheinlich nicht ohne Hilfe herzustellen
* kaum Unkosten
* Arbeitszeit ca. 20 Minuten
* sofort spielbereit
* Bühne möglich, aber nicht erforderlich
* keine Spielerfahrung nötig

Das wird gebraucht:

- Gewaschene, abgelegte Strümpfe, möglichst farbig oder schwarz
- Kordel oder Wolle zum Abbinden
- Filz, Perlen, Knöpfe oder Wattekügelchen für Augen und Nase
- Wolle für Haare

Und so wird's gemacht:

Die Spitze des Strumpfes mit reichlich Watte fest ausstopfen. Dabei Platz für den Finger lassen, der später die Figur führt.
Den Kopf in der gewünschten Höhe abbinden (vorher ausprobieren!).
Bei großen Strümpfen fällt manchmal durch die Ferse das Gewand sehr originell. Dazu evtl. zusätzlich das Strumpfgummi am Bündchen zerschneiden.
Das Gesicht durch Knöpfe, Perlen oder Wattekügelchen gestalten; evtl. einen Mund sticken.
Aus Wollresten Haare, einen Bart herstellen und ankleben.
Nach Wunsch das Kleid durch wenige Zutaten weiter ausgestalten, um die Persönlichkeit besser herauszuarbeiten: Pfarrer, Gelehrter, feine Dame usw.

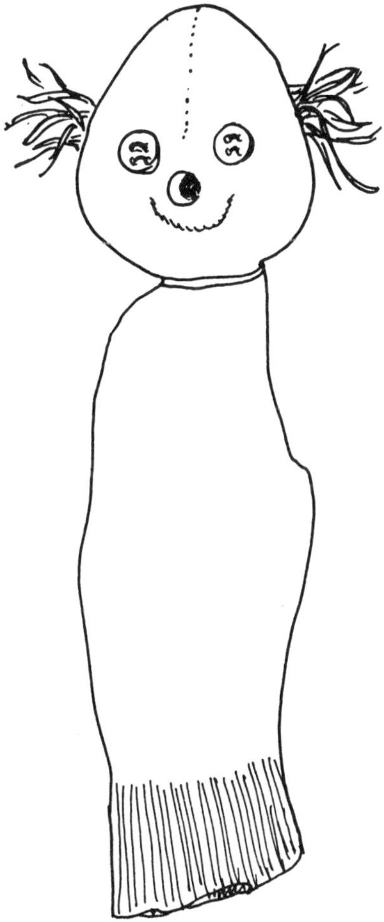

5. Puppen aus Holzkochlöffeln

Das sollte bedacht werden:

* Leichte Herstellung; bei kleineren Kindern ein wenig Hilfe nötig
* preiswertes Material
* Material muß rechtzeitig besorgt werden, damit es in ausreichender Stückzahl zur Verfügung steht (evtl. vom Wochenmarkt, Handwerkermarkt; oder direkt vom Hersteller: Salewsky-Holzwaren, 5275 Bergneustadt)
* Arbeitszeit ab ca. 10 Minuten
* sofort spielbereit
* Bühne möglich, aber nicht erforderlich
* keine Spielerfahrung nötig

Das wird gebraucht:

- Kochlöffel aus Holz in verschiedenen Formen und Größen
- Klebestreifen oder Gummiringe
- Wollreste für Haare
- Papierservietten, Stoffreste oder Taschentücher

▶ Tip:
Auch andere Küchengeräte (z. B. Schneebesen, Pfannenmesser, Schaumlöffel, Salatbesteck ...) können zu einer Spielpuppe umfunktioniert werden. Besonders reizvoll wirken solche Puppen im Schattenspiel.

Und so wird's gemacht:

Das Gesicht auf den Löffel malen oder kleben. (Zur Bemalung von Holz sind Acrylfarben gut geeignet. Filzstifte verlaufen leicht.)
Haare aus Wollresten ankleben.
Einfache Kleider aus Papierservietten, Stoffresten oder Taschentüchern anfertigen. Dazu am besten durch die Mitte des Tuches den Löffelstiel stecken und mit Klebestreifen oder einem Gummiring fixieren.

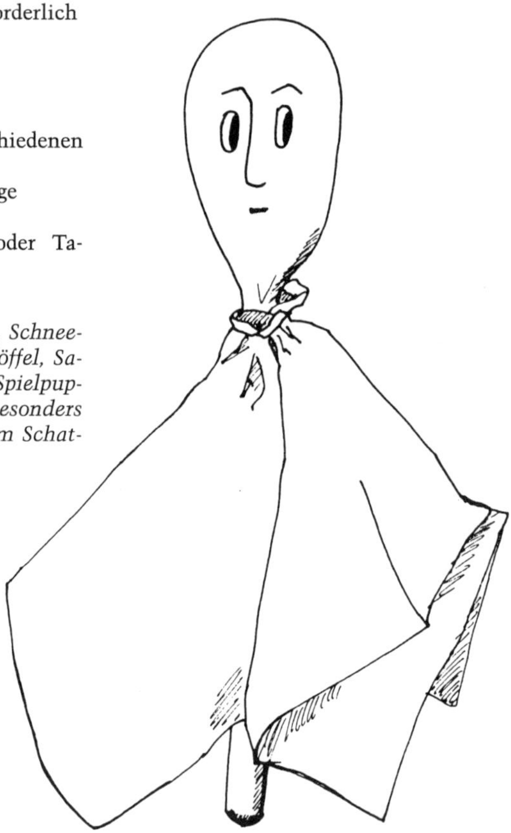

6. Puppen aus alten Spülmittelflaschen

Das sollte bedacht werden:

* Leichte Herstellung, kleinere Kinder brauchen Hilfe
* geringe Kosten
* Arbeitszeit ca. 15 Minuten
* Material muß rechtzeitig besorgt bzw. langfristig gesammelt werden
* sofort spielbereit
* Bühne möglich, aber nicht erforderlich
* keine Spielerfahrung nötig

Das wird gebraucht:

- Leere, ausgespülte Spülmittelflaschen
- ein Stab in der Dicke der Flaschenöffnung
- Hammer und Plattkopfnagel
- wasserfeste Filzstifte
- evtl. Stoffreste, Kreppapier und Gummiringe für das Kleid
- evtl. Wollreste, Fellreste für Haare

Und so wird's gemacht:

Viele Spülmittelflaschen haben schon die Form einer Puppe. Man schaue sie einmal genauer von vorn, von der Seite und verkehrt herum an.

Den Stab in die Flaschenöffnung stecken, bis zum Flaschenboden durchschieben und dort festkleben oder mit einem Plattkopfnagel von außen festnageln. Das Gesicht großflächig bemalen.

Evtl. noch Haare und ein Kleid (wie unter 5. beschrieben) hinzufügen. Aber auch das Spiel nur mit dem Kopf kann reizvoll sein.

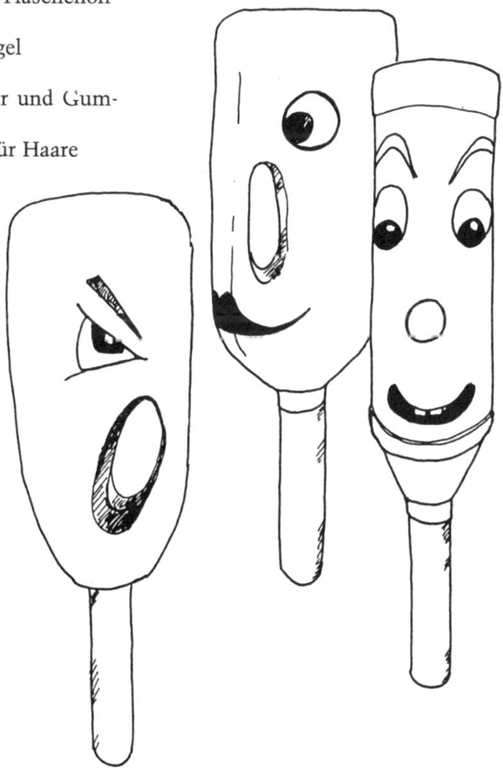

7. Puppen aus Papiertellern

Das sollte bedacht werden:

* Kleinere Kinder brauchen Hilfe bei der Herstellung
* es entstehen nur geringe Materialkosten
* Arbeitszeit ca. 15 Minuten
* sofort spielbereit
* Bühne möglich, aber nicht erforderlich
* keine Spielerfahrung nötig

Das wird gebraucht:

- Pappteller (oder aus stabilem Karton ausgeschnittene entsprechend große Kreise), pro Figur zwei Stück
- eine flache Holzleiste
- Wollreste oder bunte Papierstreifen (Luftschlangen) für die Haare
- falls die Teller gewachst sind: Folienfilzstifte
- evtl. statt der Filzstifte Buntpapier

Und so wird's gemacht:

Auf den einen Teller ein Gesicht recht großflächig malen. Auf den anderen Teller evtl. einen Hinterkopf malen.
Wolle oder Papierstreifen hinter den ersten Teller kleben.
Die Teller mit dem Stab in der Mitte zusammenkleben.

▶ Tip:
Man kann auf die beiden Teller zwei gleiche Gesichter mit verschiedenem Gesichtsausdruck malen (z. B. fröhlich – traurig) und die Puppe während des Spielens bei Bedarf wenden.

8. Puppen aus Wellpappe

Das sollte bedacht werden:

* Kleinere Kinder brauchen Hilfe bei der Herstellung
* kaum Unkosten
* Arbeitszeit ca. 15 Minuten
* sofort spielbereit
* Bühne möglich, aber nicht erforderlich
* keine Spielerfahrung nötig

Das wird gebraucht:

- Wellpappe (aus Verpackungen, alten Kartons) in Streifen von ca. 7 cm Breite und 30–50 cm Länge pro Figur
- ein Stück dünne Pappe 10 × 10 cm
- Klebeband
- evtl. einen Stab von 8–10 mm ∅
- evtl. Wolle, Pelzreste, Knöpfe, Korkstückchen zur Kopf-Ausgestaltung
- Kreppapier ca. 25 × 50 cm für Kleid
- evtl. einige Stecknadeln

Und so wird's gemacht:

Das Stück dünne Pappe um den linken Zeigefinger rollen und mit Klebestreifen zusammenkleben. Diese Röhre dient dem Spielfinger als Führung.
Den Wellpappestreifen auf der glatten Seite mit Leim bestreichen und fest um die Röhre rollen und kleben. Klebeband kann beim Befestigen helfen.
Das Gesicht aus Knöpfen, Korkstückchen, Kreppapierkügelchen und -wülsten gestalten. Diese können angeklebt oder mit Nadeln festgesteckt werden.
Die Frisur gestalten.
Aus Kreppapier das Kleid anfertigen.
Anstelle der Pappröhre kann zur Führung der Figur ein Stab benutzt werden. Dann wird der Wellpappestreifen direkt um den Stab geklebt.

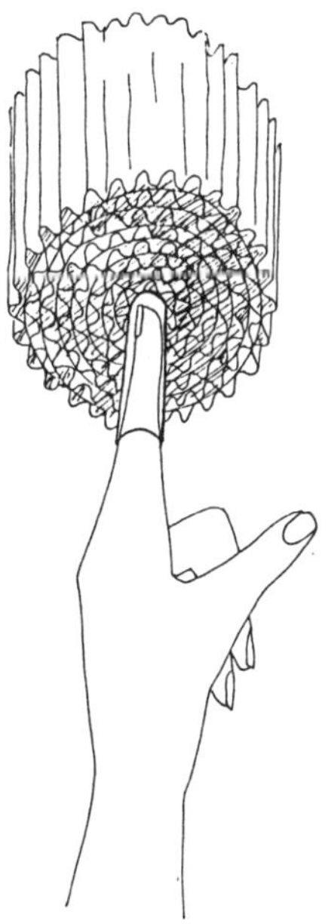

9. Stöckchenpuppen

Das sollte bedacht werden:

* Leichte Herstellung
* kaum Unkosten
* Arbeitszeit, je nach Schwierigkeitsgrad, ab ca. 10 Minuten
* sofort spielbereit
* Bühne möglich, aber nicht erforderlich
* keine Spielerfahrung nötig

Das wird gebraucht:

- Schaschlikstäbchen oder flache Holzleiste je nach gewünschter Puppengröße
- Figuren aus Zeitschriften, Bilderbüchern, Materialdiensten, Kopiervorlagen
  oder festes Papier bzw. dünner Karton
- evtl. zwei quadratische Stoffreste für ein Kleid
- Klebeband

Und so wird's gemacht:

Form A:
Aus Illustrierten, Kopiervorlagen ... die gewünschte Figur ausschneiden.
Das Stöckchen mit Klebeband auf der Rückseite befestigen.
Dieses ist die einfachste Form und reicht erfahrungsgemäß zum Spielen völlig aus.
Die Figur gewinnt, wenn man die gleiche Form aus Papier noch einmal ausschneidet und von hinten dagegenklebt. Dann kann auch die Rückseite gestaltet werden, und die Figur kann sich beim Spielen drehen.

► Tip:
Kleinere Kinder dürfen beim Ausschneiden ruhig einen schmalen weißen Rand stehenlassen.

Form B:
Kinder entwerfen zu einer biblischen Geschichte ihre Figuren selbst. Sie malen sie auf dünnem Karton vor und gestalten sie aus. Dann weiter wie unter Form A beschrieben.

FORM C:
Nur den Kopf aus zwei entsprechend gestalteten Pappscheiben gestalten.
Für den Puppenkörper zwei quadratische Stoffstücke aufeinanderlegen und so zusammennähen oder -kleben, daß an drei Ecken ca. 5 cm große Öffnungen bleiben.
Den Stock durch die untere offene Spitze führen und gemeinsam mit der geschlossenen Spitze hinter dem Kopf festkleben.
In das hintere Stoffstück einen Schlitz schneiden. Durch ihn kann die eine Hand des Spielers greifen und eine Hand der Puppe bilden, während die andere Hand die Figur am Stock führt.

▶ Tip:
Selbstverständlich ist für diese Puppenform auch ein Kopf aus einer Styropor- oder Holzkugel denkbar oder ein selbst modellierter Kopf wie unter 17. beschrieben.

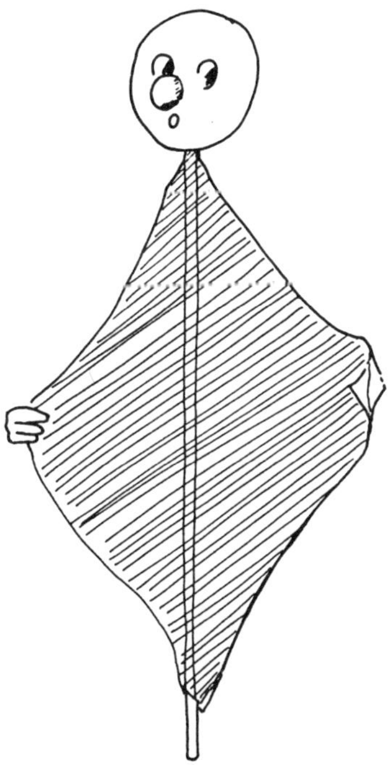

FORM D:
Die Puppen werden nach Form A oder B hergestellt, aber so klein, daß ein Bananenkarton als Bühne ausreicht. Dann müssen die Schaschlikstäbchen von oben in die Figur hineingeklebt werden. Aus Papier können Bäume, Häuser und andere Kulissenteile hergestellt werden.
Ein solches Kartontheater kann man sich um den Bauch hängen und allein ein Stück mit zwei Figuren aufführen.

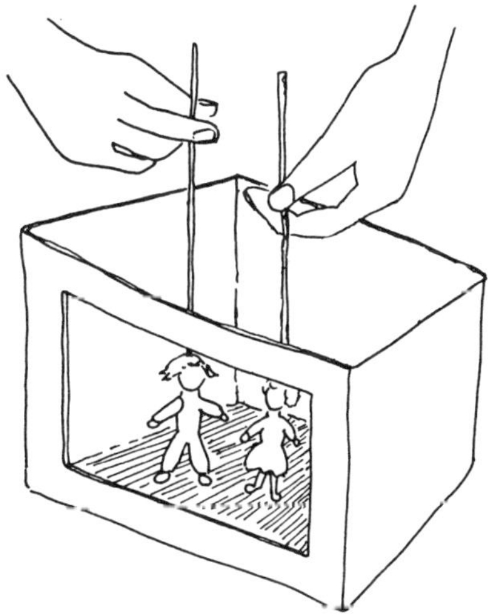

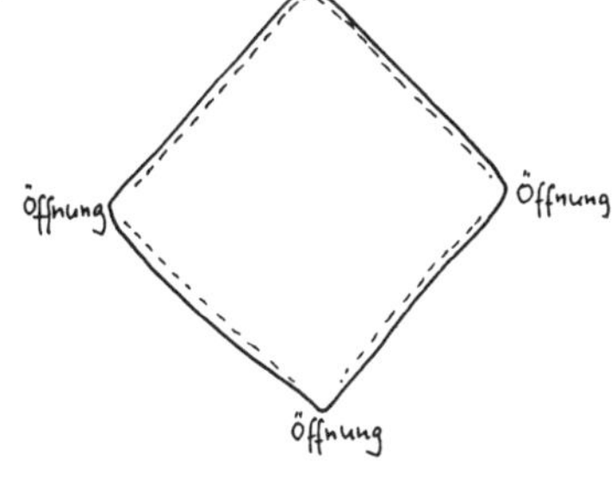

10. Flachfiguren

Das sollte bedacht werden:

- ✱ Hilfe bei der Herstellung nötig
- ✱ preiswert
- ✱ Arbeitszeit ca. 30 Minuten; Trocknungszeiten müssen abgewartet werden
- ✱ deshalb nicht sofort spielbereit
- ✱ Bühne möglich, aber nicht erforderlich
- ✱ keine Spielerfahrung nötig

Das wird gebraucht:

- ▶ Pappe (von einem stabilen zerlegten Karton aus Wellpappe)
- ▶ Holzleiste ca. 50 cm lang, ca. 5 × 5 mm dick
- ▶ Holzleim
- ▶ Säge zum Aussägen der Pappe (Laubsäge, Dekupiersäge)
- ▶ Wolle oder Fellreste für Haare
- ▶ Stoffreste für Bekleidung
- ▶ Klammernagler (Tacker)
- ▶ Stifte zum Bemalen

Und so wird's gemacht:

Das Muster für den Körper auf die Pappe übertragen und ausschneiden oder aussägen. Mehr als das Oberteil des Körpers wird nicht benötigt, da später die Bekleidung den Anschein eines vollständigen Körpers erweckt. Die Leiste mit Holzleim auf die Pappe kleben. Trocknen lassen.
Falls man für die Figur eine Rückseite wünscht, kann man aus der Pappe eine zweite, deckungsgleiche Form ausschneiden und von hinten dagegenkleben.
Aus Fellstückchen oder Wolle Haare und Bärte gestalten.

Für die Bekleidung rechteckige Stoffstükke mit Falten um den Körper drapieren und an verschiedenen Stellen (möglichst verdeckt) mit dem Tacker (Klammernagler) befestigen. Das Kleid sollte ca. 20 cm länger sein als die Pappform.

▶ Tip:
Es hat sich in der Spielpraxis als sehr hilfreich erwiesen, sowohl den Namen des Puppen-Besitzers als auch den Namen der zu spielenden Figur auf die Holzleiste zu schreiben. Das schließt Verwechslungen aus und ist dem Spieler über längere Zeit hinweg eine Gedächtnisstütze.

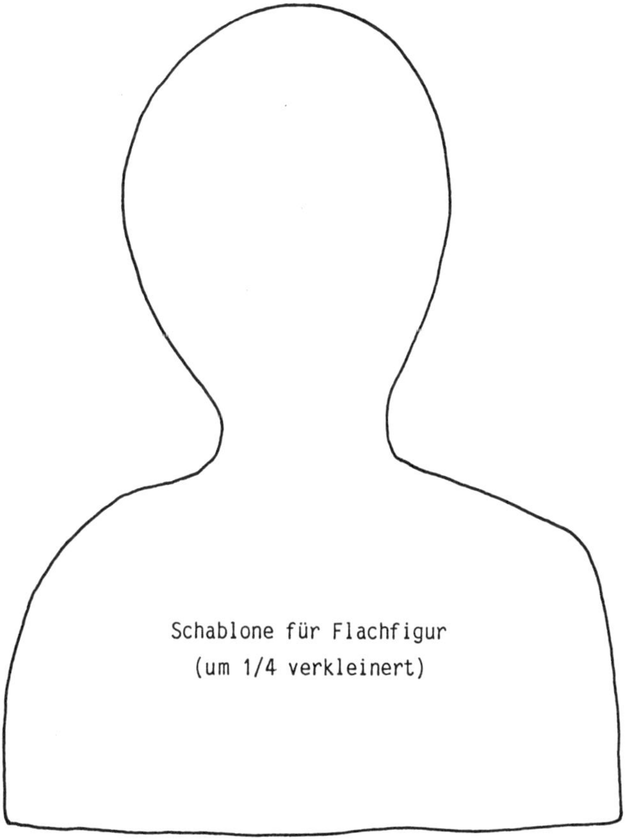

11. Pappröhrenpuppen

Das sollte bedacht werden:

* Mit wenig Hilfe auch von kleineren Kindern herzustellen
* keine Unkosten, da Abfallmaterial
* Arbeitszeit ca. 30 Minuten
* sofort spielbereit
* Bühne möglich, aber nicht erforderlich
* keine Spielerfahrung nötig

Das wird gebraucht:

- Pappröhren (z. B. von Küchenpapier, Geschenkpapier, Kleiderstoff etc.)
- Paketgummiringe
- ein Buch mit festem Einband
- evtl. ein quadratisches Stoffstück, ca. 15 × 15 cm

Und so wird's gemacht:

Für die Frisur die ausgewählte Wolle um die kurze Seite eines zugeklappten Buches wickeln. Nicht zu wenig Wolle nehmen! Es sollten in diesem Falle etwa 20 Gramm sein. Kinder wollen mit dem Wickeln meistens viel zu früh aufhören. Sollte die Haarpracht wider Erwarten doch zu dünn ausfallen, kann auf dieselbe Weise eine zweite Perücke hergestellt und über die erste geklebt werden.

Es können verschiedene Woll- oder Garnreste gleichzeitig um das Buch gewickelt werden.

Nach dem Umwickeln das Garn an einer Stelle zusammenfassen und mit einem doppelten Faden desselben Garnes so fest wie möglich zusammenbinden. Die beiden Enden des Abbindefadens können hängenbleiben. Sie verschwinden anschließend zwischen den Haaren.

Die abgebundene Stelle ist nun der »Scheitel« der Frisur.

Das Garnbüschel genau gegenüber dem Scheitel auseinanderschneiden. Nach dem Aufschneiden fallen die Haare in verschiedene Richtungen auseinander, und die Farbtöne durchmischen sich dabei. Auch ausgefallene Farben (rosa, lila, grün) können interessante Puppen ergeben.

Die Pappröhre auf dem oberen Rand und knapp unterhalb des Randes ringsherum mit Alleskleber bestreichen. Die Perücke so aufsetzen, daß der »Scheitel« in der Mitte ist. Die Wollfäden – besonders die untenliegenden – um die Röhre verteilen und gut andrücken. Einen Gummiring über die Frisur schieben. Er hält die Perücke während des Trocknens in ihrer Stellung fest. Deshalb kann sofort mit dem Frisieren begonnen werden.

Für Kurzhaarfrisuren können die Wollfäden entsprechend gekürzt werden. Falls gewünscht, kann vorne ein Pony geschnitten werden.

Kinder flechten erfahrungsgemäß gerne Zöpfe. Darauf achten, daß diese nicht gleich am Scheitel beginnen. (Der Gummiring kann verhindern, daß der Zopfansatz zu hoch gerät.)

Den Eindruck einer Frauenhaar-Frisur erreicht man u. a., wenn man das Garnbüschel nach dem Abbinden des Scheitels nicht auseinanderschneidet, sondern zusammenläßt.

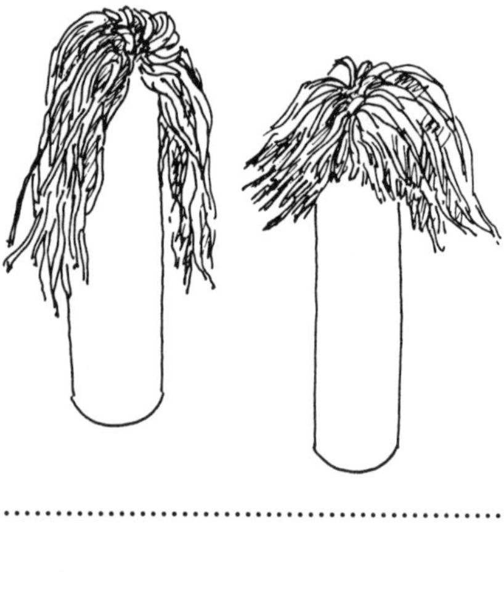

Für Männerfiguren läßt sich auf dieselbe Weise ein Bart herstellen. Für einen Schnurrbart kann man die Wolle über die Finger wickeln, sie braucht nicht so lang zu sein.

▶ Tip 1:
In jedem Fall gilt für das Herstellen von Haaren: Lieber zu lang machen! Abschneiden ist leicht!

Wenn die Puppe eine biblische Figur verkörpern soll, kann der Mann ein Kopftuch bekommen. Es wird zunächst am oberen Rand der Röhre mit einem Gummiring über den Haaren festgemacht. Eine farbige Kordel oder ein dicker (bzw. doppelt oder dreifach gelegter) Wollfaden verdeckt anschließend das Gummi.
Das Gesicht auf den oberen Teil der Röhre malen. Der untere Teil stellt den Körper dar bzw. dient zum Führen der Figur.
Die Augen, Nase und den Mund am besten zuerst leicht mit dem Bleistift markieren und überprüfen; dann erst endgültig anmalen.

Es ist nicht ratsam, der Figur ein Kleid aus Stoffresten anzukleben. Sie fällt dann zu leicht um.
Den Namen des Puppen-Herstellers und der zu spielenden Figur unten auf die Röhre schreiben.

▶ Tip 2:
Wenn der Name der zu spielenden Figur deutlich sichtbar auf ihrer Vorderseite zu lesen ist, wissen die Spieler, wie sie sich während des Spielens gegenseitig anreden müssen.

▶ Tip 3:
Diese Figuren können wie Flachfiguren gespielt werden (mit oder ohne Bühne). Sie können aber sehr gut auch auf dem Tisch gespielt werden, da sie von alleine stehen können. Sie lassen sich überall da einsetzen, wo die Verdeutlichung der Beziehungen bestimmter Gruppen oder Einzelpersonen wichtig ist. Beispiel: Zachäus steht außerhalb der Gesellschaft; die Leute lassen ihn nicht an Jesus heran…

Siehe dazu auch Abb. auf Seite 9

12. Fingerpuppen

Das sollte bedacht werden:

- ✱ Leichte Herstellung
- ✱ keine Unkosten
- ✱ Arbeitszeit ca. 10 Minuten
- ✱ begrenzte Einsatzfähigkeit
- ✱ sofort spielbereit
- ✱ Bühne wünschenswert
- ✱ keine Spielerfahrung nötig

Das wird gebraucht:

- ▶ Ungiftige Filzstifte
- ▶ evtl. Papier oder dünner Karton
- ▶ evtl. Fingerhüte
- ▶ evtl. Pappröhren in Fingerdicke
- ▶ evtl. weiße Fingerhandschuhe
- ▶ evtl. Theaterschminke, Fingerfarben

Und so wird's gemacht:

Form A:
Die Fingerkuppen mit ungiftigen Filzstiften bemalen.

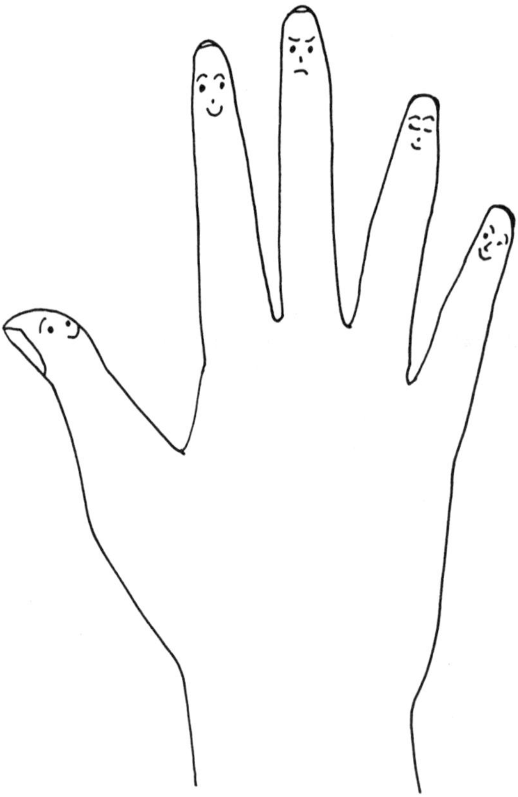

Form B:
Die Fingerspitzen von weißen Fingerhandschuhen (preiswert von Bestattungsunternehmen zu bekommen) mit Gesichtern bemalen.

Form C:
Fingerhüte anmalen und mit Stoff und Pelz dekorieren.

Form D:
Fingerdicke Pappröhren in Puppengröße zurechtschneiden und entsprechend gestalten (z. B. wie Streichholzschachtelpuppen).

Form E:
Ein Fünfmarkstück oder eine andere Form auf dünne Pappe zeichnen. Ein Gesicht anmalen.
Auf die Rückseite eine Schlaufe aus Papier kleben. Ein großes Taschentuch kann gleichzeitig mit dem Finger durch die Schlaufe geführt werden und als Kleid dienen.

Form F: Handflächenpuppe
Die drei mittleren Finger als Haare schminken, Daumen und kleinen Finger als Ohren, die Handinnenfläche als Gesicht. Den Handrücken den Haaren anpassen. Am Handgelenk rundherum schwarzen Stoff locker hängend mit schwarzem Gewebeband befestigen. Durch die Bewegung der Handinnenfläche hat die Puppe eine gute Mimik.
In dieser Form ist die Puppe nur für ältere Kinder, Jugendliche und Erwachsene geeignet.
Mit Karnevalsschminke oder Fingerfarben läßt sich jede Hand sehr schnell zu einer Puppe herrichten. Kinder reagieren sowohl als Spieler als auch als Zuschauer intensiv auf diese Figuren.

▶ Achtung:
Darauf achten, daß sich niemand gedankenlos mit der geschminkten Hand durch das Gesicht oder die Kleidung fährt!

13. Handschuhpuppen

Das sollte bedacht werden:

* Kleinere Kinder brauchen Hilfe bei der Herstellung
* Materialkosten
* Material muß rechtzeitig besorgt werden (z. B. alte Fausthandschuhe in der Verwandtschaft sammeln)
* Arbeitszeit ca. 30 Minuten
* sofort spielbereit
* Bühne möglich, aber nicht erforderlich
* keine Spielerfahrung nötig

Das wird gebraucht:

- Alte Fausthandschuhe oder dicker, einfarbiger Stoff, am besten Filz
- Nähgarn, Stickgarn, Wolle
- Knöpfe, Perlen, Papierkügelchen

Und so wird's gemacht:

FORM A:
Auf einen Fausthandschuh Knöpfe oder Perlen als Augen aufnähen.
Einen Mund sticken.
Aus Wollresten eine Frisur gestalten.

FORM B:
Aus dickem Stoff (am besten Filz) zwei gleiche Teile ausschneiden. Dazu umfährt man am besten großzügig die Hand des Spielers und stellt sich so zunächst eine Schablone aus Pappe her.
Die Teile zusammennähen oder mit Alleskleber oder Bügelband (hält nur kurzfristig) zusammenkleben. Das Gesicht wie unter A beschrieben gestalten. Auf Filz kann das Gesicht auch mit Filzstiften aufgemalt werden.

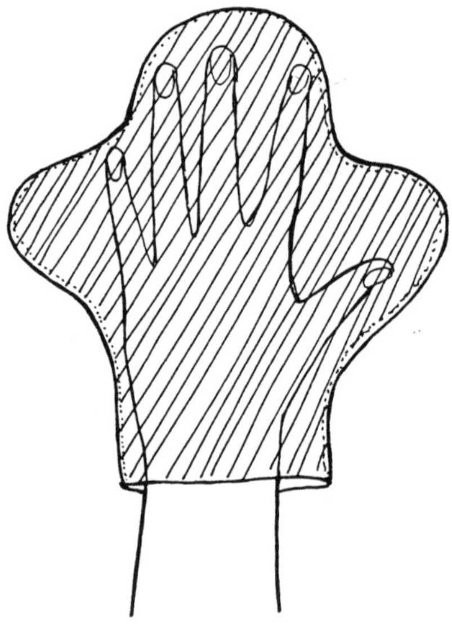

14. Gestrickte Tierhandpuppen

Das sollte bedacht werden:

- ✱ Aufwendig in der Herstellung; nur von geübten Strickerinnen zu bewältigen (Frauenkreis, Seniorenkreis ... bitten!)
- ✱ Materialkosten
- ✱ Arbeitszeit mehrere Stunden
- ✱ sofort spielbereit
- ✱ Bühne möglich, aber nicht erforderlich
- ✱ keine Spielerfahrung nötig

Das wird gebraucht:

- ▶ Wolle ca. 40 Gramm
- ▶ Stricknadeln Nr. 2 bis 2½
- ▶ Knöpfe, Perlen für Augen

Und so wird's gemacht:

Grundmodell:

Es wird wie ein Fausthandschuh ohne Daumen gestrickt. Die Spitze wird wie bei einem Strumpf abgenommen.

Auf vier Nadeln 56 Maschen (4 mal 14 M.) anschlagen. Den Bund wie bei einem Handschuh 2 M. rechts, 2 M. links stricken. Nach dem Bund rechts weiterstricken bis etwa in Höhe der Kuppe des kleinen Fingers. Dann mit dem Abnehmen für die Spitze beginnen:

1. Abnehmrunde: Auf jeder Nadel ⋆ 5 M. stricken, 2 M. rechts zusammenstricken, ab ⋆ wiederholen. Danach 5 Runden rechts stricken.

2. Abnehmrunde: ⋆ 4 M. stricken, 2 M. rechts zusammenstricken ⋆, ab ⋆ wiederholen. Dann vier Reihen rechts stricken.

In derselben Weise weiter abnehmen, bis auf jeder Nadel nur noch eine Masche übrig bleibt. Die restlichen Maschen mit einem Faden zusammenziehen. Faden vernähen.

Das Grundmodell kann zu verschiedenen Tieren ausgestaltet werden.

(weiter auf der nächsten Seite) ▶

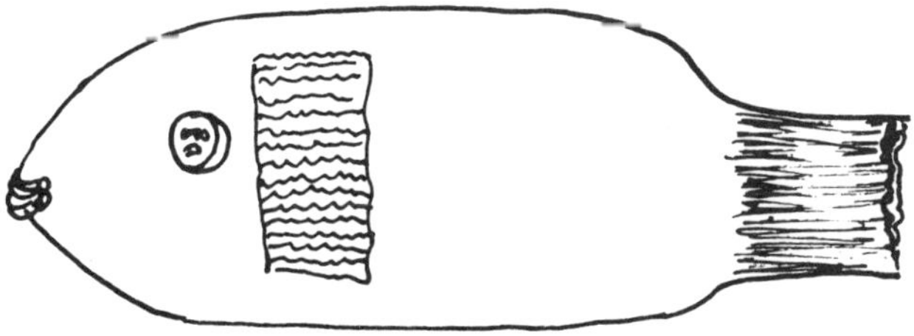

Beispiel für gestrickte Schlappohren:

Anschlag 18 M. 1 R rechts 1 R links stricken, ca. 24 cm hoch. Den gestrickten Streifen doppelt legen, an drei Seiten zusammennähen. In gewünschter Höhe auf das Grundmodell nähen.

Beispiel für gestrickte Flossen:

Große Flosse:
Anschlag 20 M., 2 M. rechts, 2 M. links stricken, ca. 10 cm hoch.
Kleine Flosse:
Anschlag 20 M. 2 M. rechts, 2 M. links stricken, ca. 4 cm hoch.
Kleine Flosse doppelt legen und am Fischrücken festnähen. Die beiden großen Flossen am Fischleib festnähen.
Die Tierfiguren mit Augen (Knöpfe, Perlen), Barthaaren (Wolle) weiter ausgestalten.

▶ Tip 1:
Für die Tierfiguren nur gute und möglichst reine Wolle nehmen. Auch Mohairwolle kann für Tiere gut aussehen.

▶ Tip 2:
Ein etwas aufwendigeres, aber sehr lohnenswertes Verfahren für das Stricken von Handpuppen (menschliche Figuren wie Kasper, Seppel, Prinzessin, Oma, Opa) und Tierhandpuppen (Teddy, Schaf, Löwe, Igel...) beschreibt Christa Anna Wittke in »Gestrickte Handspielpuppen« und »Tiere – gestrickt als Handspielpuppen«, (siehe Literaturverzeichnis).

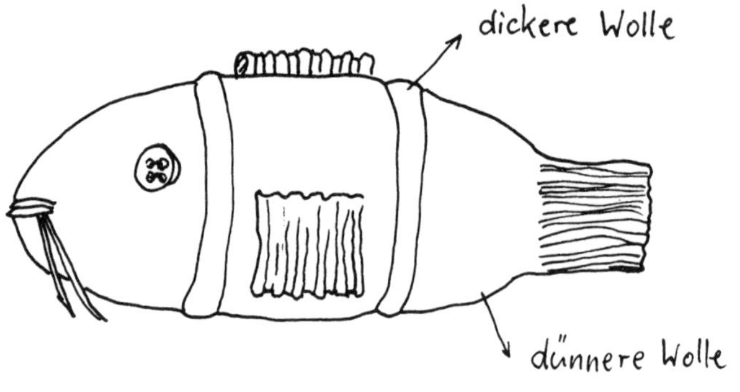

15. Klappmaulfiguren aus Strümpfen

Das sollte bedacht werden:

- ∗ Aufwendige Herstellung; für Kinder mit Hilfe möglich
- ∗ kaum Unkosten, da Abfallmaterial
- ∗ Arbeitszeit je nach Schwierigkeitsgrad ab ca. 30 Minuten
- ∗ sofort spielbereit
- ∗ Bühne möglich, aber nicht erforderlich
- ∗ keine Spielerfahrung nötig

Das wird gebraucht:

- ▶ Abgelegte, gewaschene Socken oder Kniestrümpfe (am besten Kinderkniestrümpfe) in bunten Farben oder dicker Stoff (Filz, Webpelz o. ä.)
- ▶ Knöpfe, Perlen, Wattekügelchen für Augen
- ▶ Wolle für Haare
- ▶ dünne, aber stabile Pappe
- ▶ andersfarbiger Filz für das Maul

Und so wird's gemacht:

Form A:
Den Kniestrumpf über die Hand streifen und auf der Strumpfferse ein Wollbüschel für die Haare aufnähen.
Auf die Strumpfsohle Perlen oder Knöpfe als Augen und Nase aufnähen. Den Augen kann man evtl. eine kleine Scheibe aus weißem Filz unterlegen. Das steigert die Wirkung.
Zum Spielen wird die Strumpfspitze zwischen dem Daumen und den Fingern eingedrückt. Bewegen sich beim Spielen diese Finger, sieht es aus, als ob die Figur ihren Mund bewegt. Die Wirkung ist in jedem Fall komisch; also kaum für ernste Darstellungen geeignet!
Schwierigkeit: Die eingedrückte Strumpfspitze rückt beim Spielen leicht in ihre ursprüngliche Form zurück. Der Mund ist dann verschwunden.

(weiter auf der nächsten Seite) ▶

Form B:
Von einem Socken (Kniestrumpf) die Spitze abschneiden. Die Schnittstelle bestimmt die Kopflänge der Figur. Besonders bei Kindern sollte man darauf achten, daß der Figurenkopf nicht zu groß bleibt, sondern daß die Kinderhand den Strumpf gut ausfüllt.
Die abgeschnittene Strumpfspitze aufbewahren. Daraus kann man evtl. die Ohren nähen.
Das verbleibende Fußstück waagerecht durchschneiden, so groß wie das Maul werden soll.
Entsprechend der Maulgröße eine Schablone aus Pappe herstellen (zwei gleiche Teile). Die Pappschablone auf Filz legen, mit einem Filzstift umranden und ausschneiden (ebenfalls zwei Teile).
Die Schablone auf das durchgetrennte Fußstück legen und den Strumpf der Form entsprechend abrunden; dabei einen halben Zentimeter als Kleberand stehenlassen.
Auf den Außenrand des ersten Schablonenteils Klebstoff geben, das Teil in den aufgeschnittenen Strumpf legen, die Kanten darüberziehen und festdrücken.
Mit dem zweiten Schablonenteil ebenso verfahren. Anschließend die Filzplatten dagegenkleben.
Haare aus Woll- oder Fellresten und Augen aus Perlen oder Knöpfen anbringen.
Die abgeschnittene Strumpfspitze in zwei gleiche Teile zerschneiden und als Ohren an der gewünschten Stelle festnähen.
Die fertige Figur im Maulteil (zwischen Pappe und Strumpf) und evtl. im Kopfteil mit Watte auspolstern, damit die Kinderhand sie gut füllt.

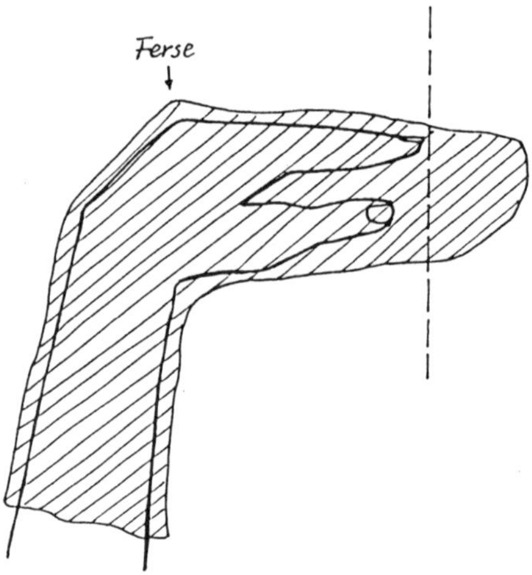

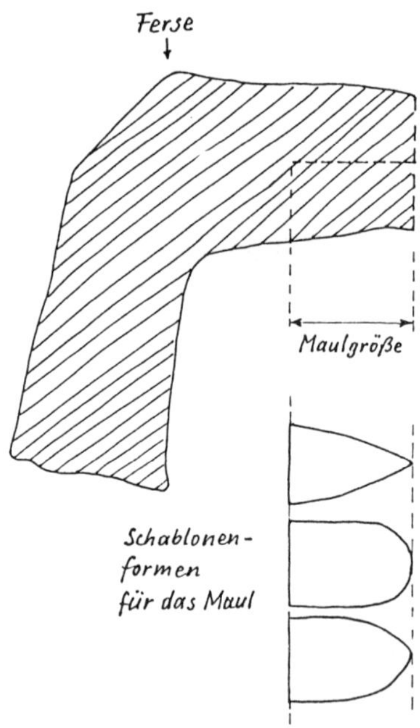

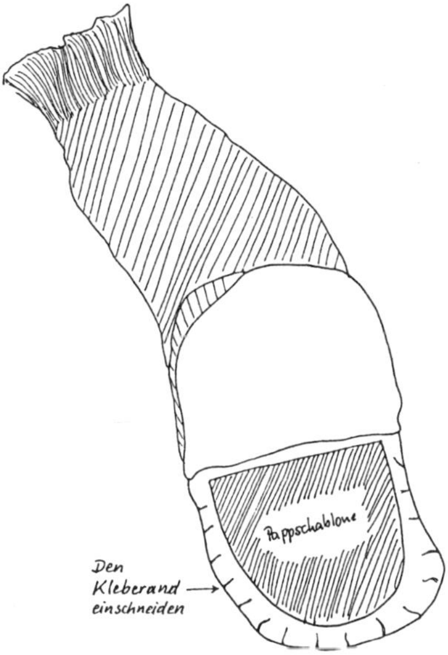
Pappschablone
Den
Kleberand
einschneiden

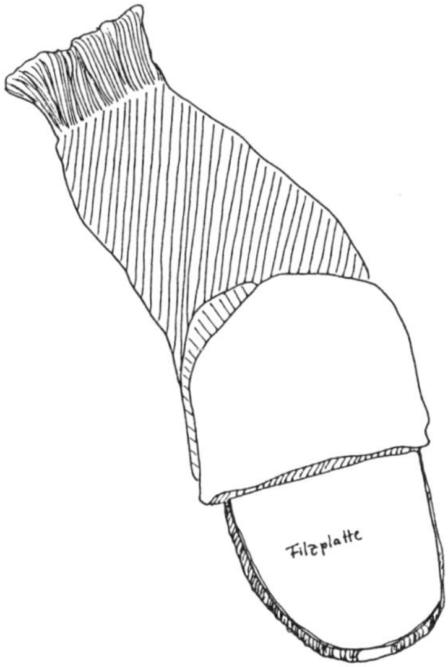
Filzplatte

16. Genähte Tierfiguren

Das sollte bedacht werden:

* Herstellung nur für Jugendliche oder Erwachsene, da Geschicklichkeit im Nähen Voraussetzung (evtl. Eltern, Frauenkreis, Seniorenkreis ... um Hilfe bei den Vorarbeiten bitten)
* Materialkosten
* Arbeitszeit ab ca. 1 Stunde
* sofort spielbereit
* beständig
* Bühne möglich, aber nicht erforderlich
* keine Spielerfahrung nötig

Das wird gebraucht:

- Stoff in der gewünschten Farbe (am besten Filz, Webpelz o. ä.)
- Wolle, Fellreste für Haare
- Perlen, Knöpfe für Augen
- evtl. andersfarbiger Filz für Zunge

Und so wird's gemacht:

Die Teile entsprechend den Angaben auf den Schnitten mit Nahtzugaben zuschneiden und zusammennähen.
Evtl. Ohren aus Filz sowie eine Zunge aus Filz gleich mit in die entsprechende Naht fassen.
Aus Wolle oder Fellresten Haare gestalten und festnähen.
Augen aus Perlen oder Knöpfen annähen.
Evtl. einen Schwanz häkeln oder mit der Strickliesel herstellen und an der entsprechenden Stelle anbringen.
Ebenso können auch Hörner gestaltet werden.

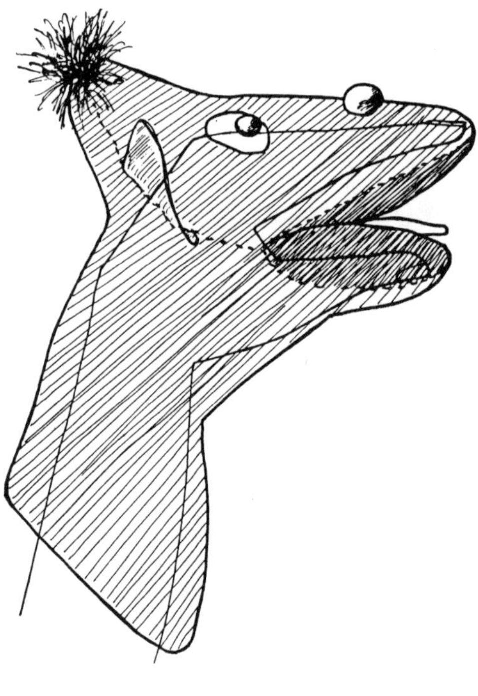

Schnittmuster
für Klappmaulpuppe
aus Stoff

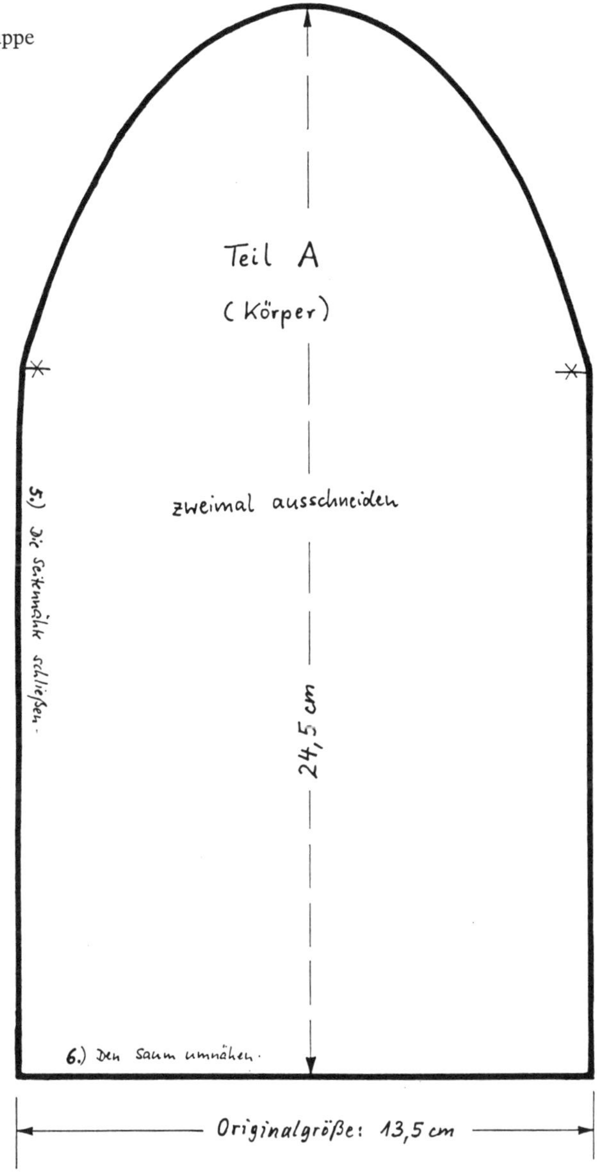

(Die weiteren Teile siehe nächste Seite) ▶

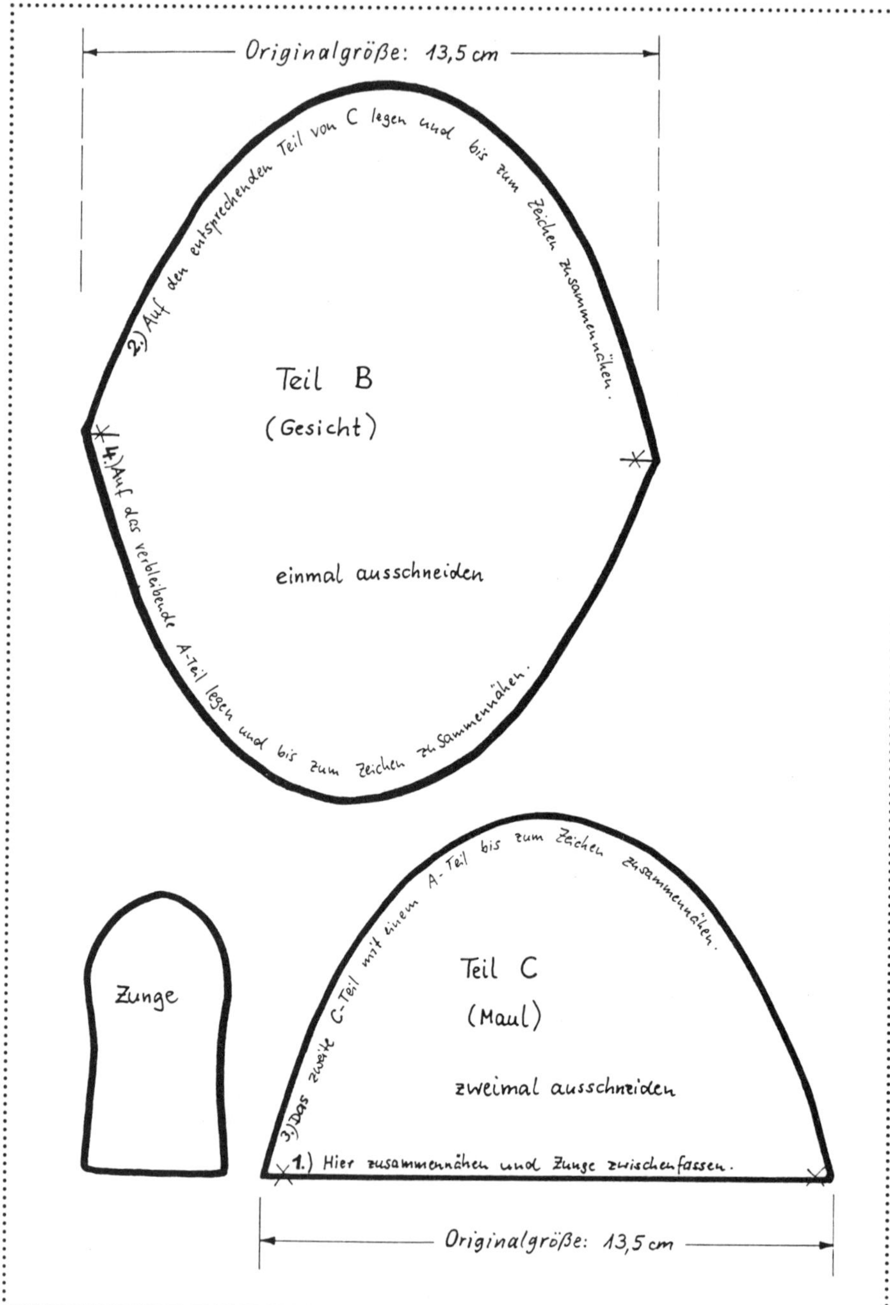
Originalgröße: 13,5 cm
2.) Auf den entsprechenden Teil von C legen und bis zum Zeichen zusammennähen.
Teil B
(Gesicht)
4.) Auf das verbleibende A-Teil legen und bis zum Zeichen zusammennähen.
einmal ausschneiden
Zunge
3.) Das zweite C-Teil mit einem A-Teil bis zum Zeichen zusammennähen.
Teil C
(Maul)
zweimal ausschneiden
1.) Hier zusammennähen und Zunge zwischenfassen.
Originalgröße: 13,5 cm

16a. Ochs und Esel als Stoff-Spielfiguren mit beweglichem Maul

Das wird gebraucht:

- Für den *Esel* benötigen wir – siehe Schnittmuster – grauen Flanellstoff für den Körper (Achtung: 2 ×!), für den Hinterkopf und Vorderteil Kopf und für die Ohren (innen);
- hellen Fellstoff für Untermaul (außen) und Ohren (außen);
- einen glatten beigefarbenen Stoff für Innenmaul unten und oben.
- Außerdem brauchen wir einen Streifen schwarzen, sehr langhaarigen Stoff für die Mähne;
- ein Stückchen roten Filz für die Zunge.
- Für die Augen nehmen wir am besten fertig gekaufte Augen von ca. 1 cm ∅, schwarze mit weißem Rand.
- Zum Ausstopfen des Kopfteils benötigen wir noch sogenannte Zauberwatte (synthetische Watte).

Die Maße entnehme man dem Schnittmuster, wobei noch die Säume zu berücksichtigen sind.

Und so wird's gemacht:

Zusammenfügen: Die Teile aus dem Stoff entsprechend dem Schnittmuster zuschneiden und den Markierungen folgend zusammennähen.
Die Teile Obermaul außen und innen werden entsprechend der Strichelung dreigeteilt: Hier werden die Finger eingesteckt zum Bewegen des Mauls; der Daumen liegt im Untermaul.
Die Ohren werden – evtl. verstärkt durch entsprechend gebogenen Draht – beim Zusammennähen von Hinterkopf und Vorderteil Kopf an den betreffenden Stellen eingefügt. Die Mähne verläuft über den ganzen Hinterkopf und noch ein wenig in die Stirn hinein.

Ganz am Schluß wird der Kopfteil – aber nur dieser! – nach Anbringen der Augen mit der Watte kräftig ausgestopft. Um sie am Herausfallen zu hindern, sollte man ein Stück Stoff in entsprechender Größe von innen einbringen, und ihn an einigen Stellen an die Kopfteile festnähen.

Für den Ochs wird gebraucht:

- Wir benötigen – siehe Schnittmuster – einen hellbraunen (oder dunkelfleischfarbenen) Fellstoff für den Leib (2 ×!), für den Kopf hinten und vorn und für die Ohren außen;
- hellen Fellstoff für Obermaul und Untermaul außen sowie die Ohren innen;
- etwas glatten, beigen Stoff für Ober- und Untermaul innen;
- etwas langhaarigen, hellen Stoff für die »Mähne« der Stirn.
- Außerdem ein bißchen dunkles Kunstleder für die Hörner;
- etwas roten Filz für die Zunge;
- zwei Glasaugen.

Das Verfahren des Zusammennähens usw. erfolgt wie beim Esel.

Sigrid Gallus/Jürgen Koerver

Schnittmuster zu den Figuren ▶ auf den folgenden Seiten

(siehe auch Abb. auf Seite 99)

ESEL

Schnittmuster – mittels Fotokopiergerät entsprechend vergrößern.
Maßangabe siehe unten auf Vorder- und Rückenteil.

Anleitung:

Teile an den markierten Punkten ansetzen

Füllung Kopf Zauberwatte

Fertiges Obermaul dreiteilen (Finger) Daumen im Untermaul

Für die Ausstattung eigene Phantasie walten lassen – Auge usw.

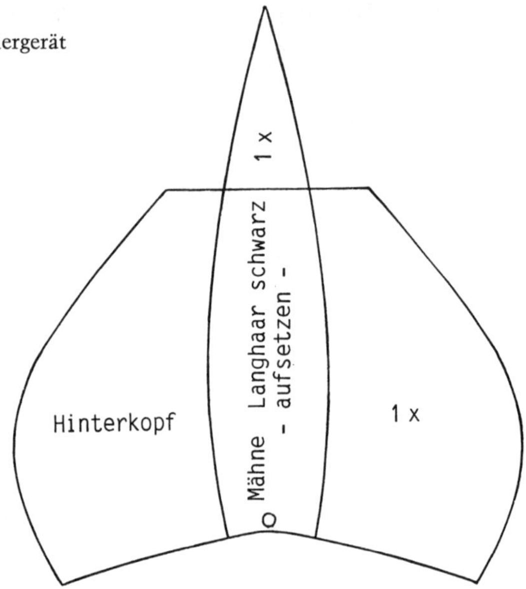

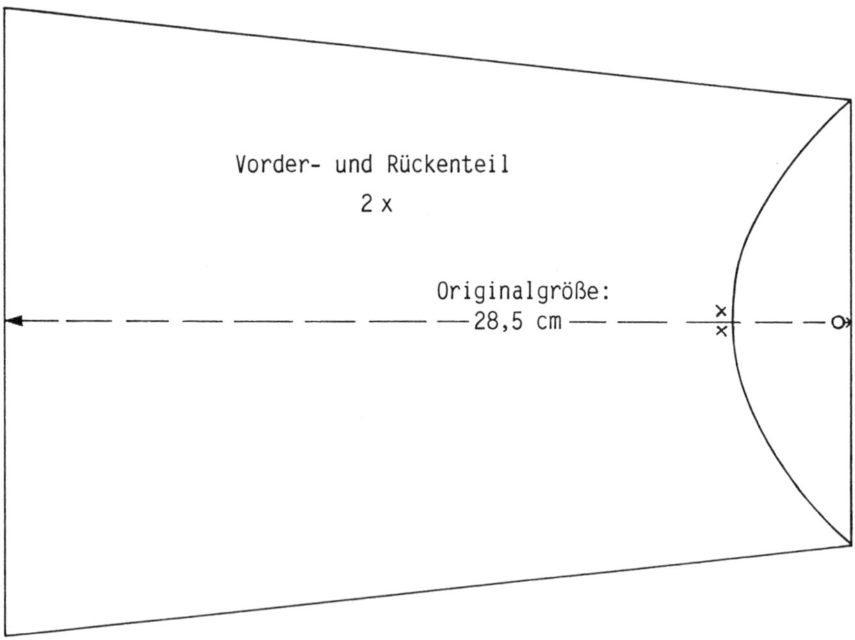

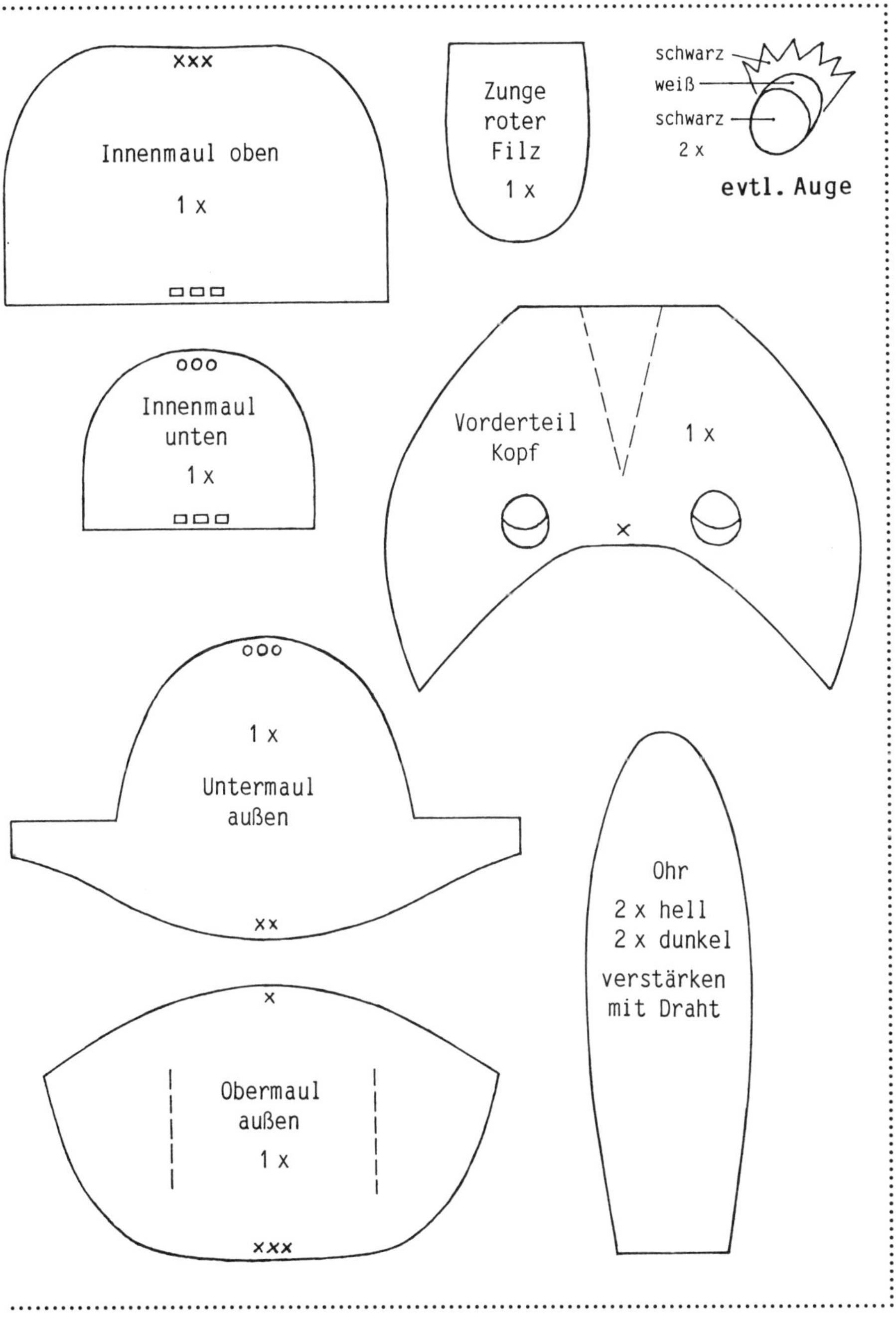
xxx
Innenmaul oben
1 x
□□□
Zunge
roter
Filz
1 x
schwarz
weiß
schwarz
2 x
evtl. Auge
ooo
Innenmaul
unten
1 x
□□□
Vorderteil
Kopf
1 x
x
ooo
1 x
Untermaul
außen
xx
x
Obermaul
außen
1 x
xxx
Ohr
2 x hell
2 x dunkel
verstärken
mit Draht

OCHS Schnittmuster – mittels Fotokopiergerät entsprechend vergrößern. Maßangabe siehe unten auf Vorder- und Rückenteil.

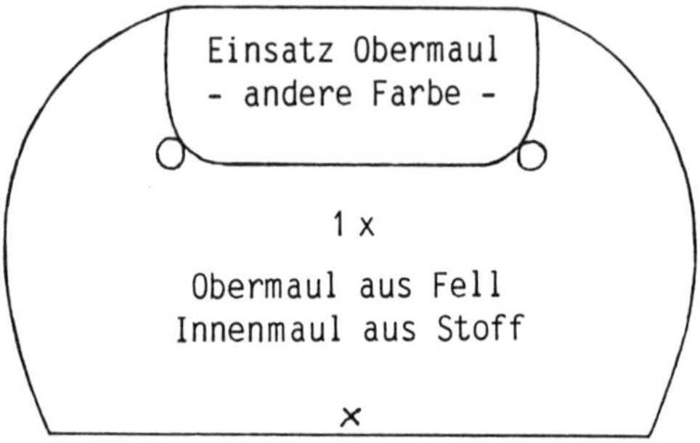

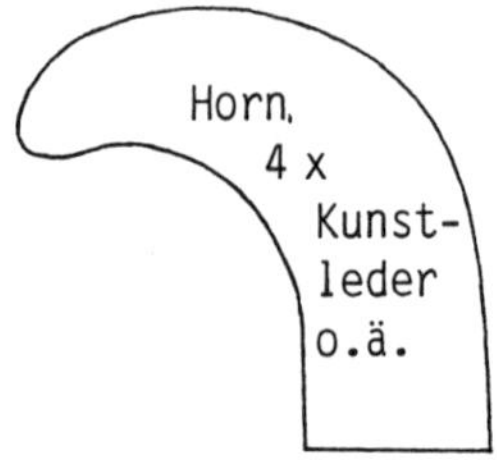

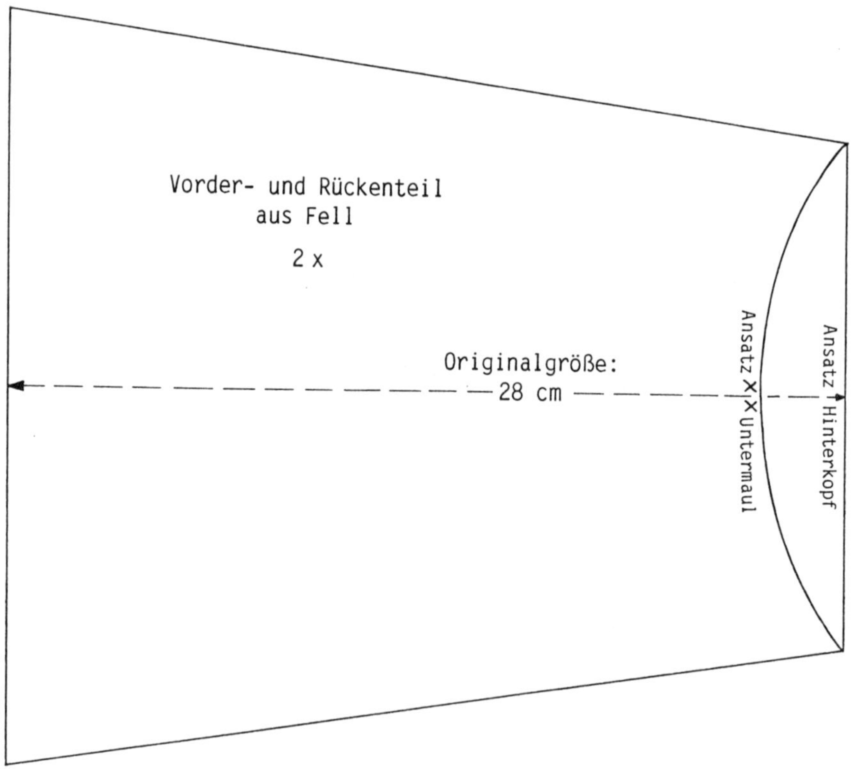

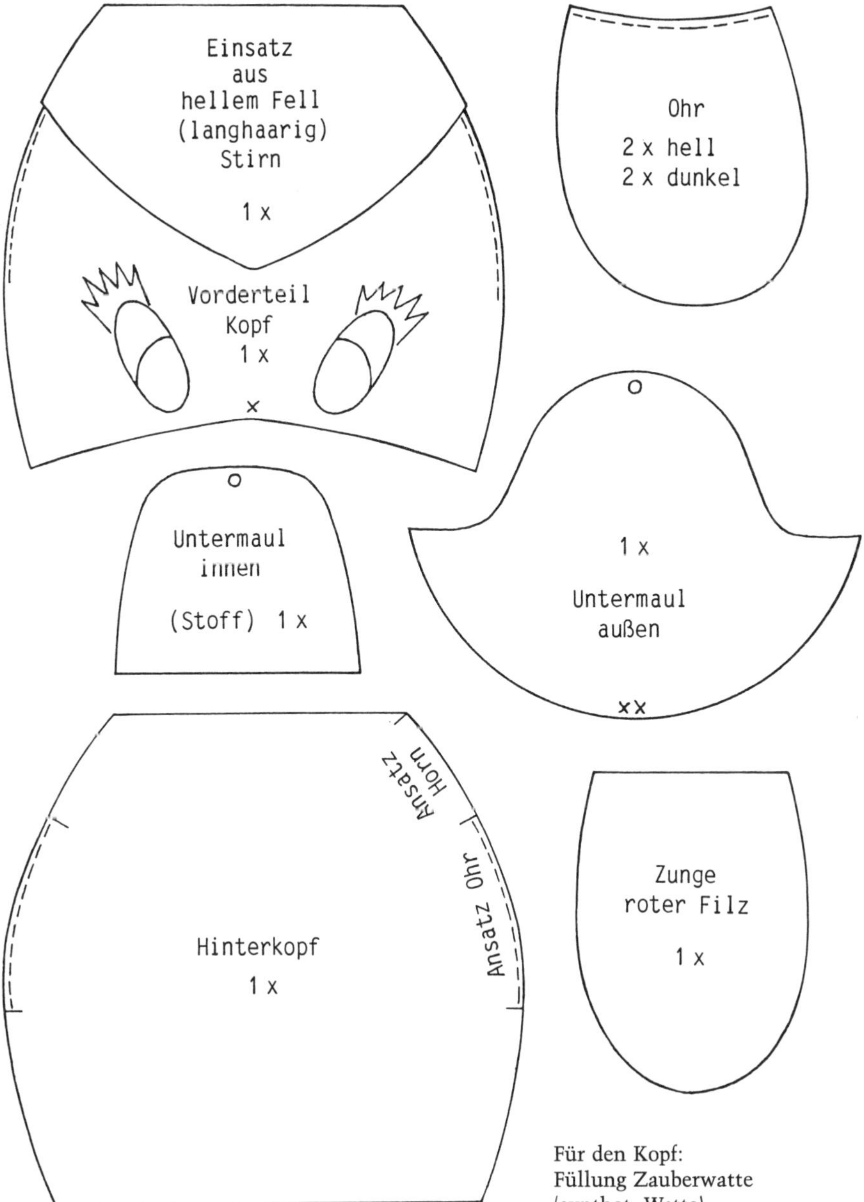

Für den Kopf:
Füllung Zauberwatte
(synthet. Watte)

17. Stockpuppen aus Kartoffelstampfern

Das sollte bedacht werden:

* Kinder brauchen Hilfe bei der Herstellung
* Materialkosten
* Material ist rechtzeitig zu besorgen
* Arbeitszeit ca. 1 Stunde
* sofort spielbereit
* Bühne möglich, aber nicht erforderlich
* keine Spielerfahrung nötig
* beständig

Das wird gebraucht:

- Kartoffelstampfer aus Holz (auf Wochenmärkten, Handwerkermärkten oder direkt beim Hersteller: Salewsky-Holzwaren, 5275 Bergneustadt)
- Holzleiste, ca. 7 cm lang
- Wolle oder Fellreste für Haare
- Klebeband
- Paketkordel
- Klammernagler (Tacker) oder Hammer und Nägel
- Stoff für das Kleid, ca. 80 × 40 cm

Und so wird's gemacht:

Da die Grundfigur fertig ist, können sofort die Haare hergestellt werden (siehe bei Pappröhrenpuppen, Nr. 11).
Um Männerhaare zu gestalten, eignen sich bei dieser Puppenart besonders gut Fellreste. In diesem Fall sollte man den Kopf etwas auspolstern, da er sonst zu flach erscheint (Wollreste oder zusammengeknülltes Papier nehmen).
Darüber kommt ein Kopftuch, das alles verdeckt. Das Kopftuch mit einer Kordel befestigen. Zusätzlich verdeckt mit dem Tacker am Kopf befestigen. Es rutscht sonst beim Spielen leicht ab.
Das Gesicht aufmalen.
Den Stoff für das Kleid doppelt falten und in der Mitte einen kleinen Schnitt anbringen. Den Griff des Kartoffelstampfers durch den Schlitz schieben.
Dann erst die »Schulter« anbringen: Die Leiste zunächst mit Klebeband am Griff kurz unterhalb des Kopfes befestigen. Dann mit Paketkordel sehr fest kreuz und quer festzurren.

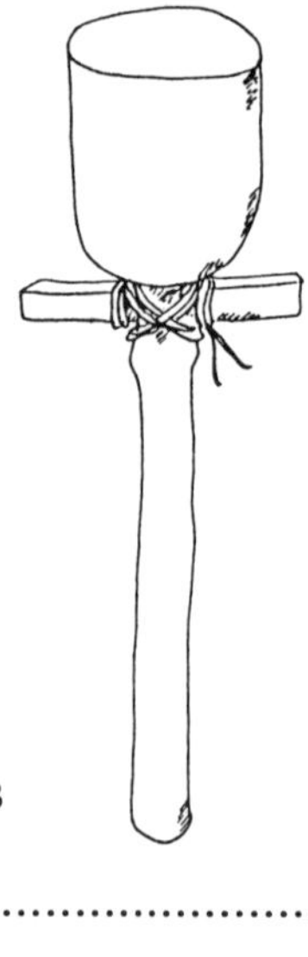

Siehe dazu auch
Abb. auf Seite 3 u. 43

18. Stockpuppen aus Kleisterpapier

Das sollte bedacht werden:

* Herstellung aufwendig
* nicht für kleinere Kinder geeignet
* geringe Unkosten
* Arbeitszeit ca. 3 Stunden
* nicht sofort spielbereit, da mindestens ein Tag zum Trocknen eingeplant werden muß
* Bühne möglich, aber nicht erforderlich
* keine Spielerfahrung nötig

Das wird gebraucht:

- Je nach Puppenkopfgröße 1/2 bis 1 Eimer Kleister pro Figur
- eine Zeitung mit ca. 6 Seiten
- ein Rundholz, ca. 50 cm lang, Durchmesser 8–10 mm (z. B. Laternenstock). Eine eckige Holzleiste ist auch möglich. Sie ist jedoch nicht so angenehm festzuhalten. Dem könnte man durch Umwickeln oder Umkleben des Haltegriffes abhelfen.
- Packpapier (z. B. 1–2 alte DIN-A-4-Briefumschläge)
- eine Holzleiste, ca. 7 cm lang, für die Schulter
- eine leere Flasche, als Ständer zum bequemen Trocknen und Aufbewahren
- Wolle oder Fellreste für Haare
- Stoff für Bekleidung, ca. 50 × 50 cm
- Klebeband
- Paketkordel

Und so wird's gemacht:

Den Kleister nach Packungsvorschrift ansetzen. Dabei zunächst vorsichtshalber nur einen Teil der Menge nehmen. Falls sie nicht ausreicht, kann später noch etwas neu angesetzt werden. Angesetzter Kleister läßt sich aber verschlossen auch gut über längere Zeit aufbewahren.
Solange die Hände noch trocken sind, folgende Vorbereitungen treffen:
Eine Doppelseite der Zeitung beiseite legen. Zwei Doppelseiten zweimal durchteilen, so daß acht Viertelseiten entstehen.
Zwei Doppelseiten zusammenfalten und in Längsrichtung (in Leserichtung) Streifen von 3–5 cm Breite abreißen. Diese Papierstreifen anschließend halbieren.
Das Rundholz bereitlegen.
Auf den Tisch direkt aus dem Eimer einen kleinen Kleistersee gießen. (Das ist die praktischste Methode, wenn sie auch ungewöhnlich scheint. Sie wurde viele Male ausprobiert und für gut befunden. Vorteilhaft ist dabei ein Tisch mit Kunststoffplatte; oder man bespannt ihn zuvor mit einer kräftigen Folie oder legt eine Kunststoff- oder Holzplatte darüber.)
Eines der zurechtgelegten Viertelblätter auf die Arbeitsfläche legen, mit der Hand etwas Kleister aus dem See nehmen, auf dem Blatt verteilen und die überschüssige Menge abstreichen. Das Blatt wenden und mit der Rückseite genauso verfahren.
Die zurechtgelegte Doppelseite zu einem faustgroßen Ball knubbeln, ihn kurz im Kleistersee wälzen und auf das Rundholz stecken.
Die eingekleisterte Viertelseite glatt darüberlegen, die Enden nach unten streichen und an der Holzleiste feststreichen. Eine zweite Viertelseite ebenso einkleistern, über die erste Viertelseite legen und genauso feststreichen.

- Wichtig:

Das Kleisterpapier darf niemals vor Kleister triefen! Überschuß immer mit der Handkante wegstreichen!
Niemals zwischendurch die Hände waschen! Die Hände notfalls am restlichen Zeitungspapier abstreifen! Besser ist: Trocknen lassen!
Der vollgekleisterte Arbeitsplatz wird erst ganz zum Schluß zunächst mit Zei-

tungspapier gereinigt, dann mit einem feuchten Lappen gesäubert.
Erst danach ist Händewaschen erlaubt!

Die grobe Kopfform ist fertig. Nun wird der Hinterkopf geformt:
Eine Viertelseite einkleistern, auf dem Tisch zusammenschieben, auf die entsprechende Stelle des Hinterkopfes legen.
Einen Papierstreifen einkleistern und damit den Hinterkopf an der Grundform befestigen (wie mit einem Verband oder Pflaster).
Einen zweiten Streifen einkleistern und kreuzweise über den ersten legen. Feststreichen. Mit einem dritten Streifen ebenso verfahren. Die Enden der Streifen ihrerseits mit eingekleisterten Streifen sichern. Nun kann vom Kopf sich nichts mehr ablösen.
Aus zwei bis vier eingekleisterten Streifen ein Knäuel für die Nase zurechtschieben und mit Streifen an der gewünschten Stelle befestigen. Vorher die Wirkung ausprobieren! Sie ist sehr unterschiedlich, je nachdem, ob die Nase höher oder tiefer sitzt.
Den Hals mit ein paar Extra-Streifen umwickeln, damit er stabil wird und eine gute Verbindung zur Holzleiste bekommt.
Der Zeitungspapier-Kopf wird nun mit einer Lage Packpapier verkleidet:
Ein Stück Packpapier von beiden Seiten gut einkleistern. Davon daumennagelgroße Stücke abreißen und schuppenförmig übereinanderlegen, bis der ganze Kopf und Hals damit bedeckt sind.
Die Figur zum Trocknen in die leere Flasche stellen. Mindestens einen Tag (besser eine Woche) trocknen lassen.

▶ Tip 1:
Um Verwechslungen zu vermeiden, den eigenen Namen auf die Holzleiste schreiben.

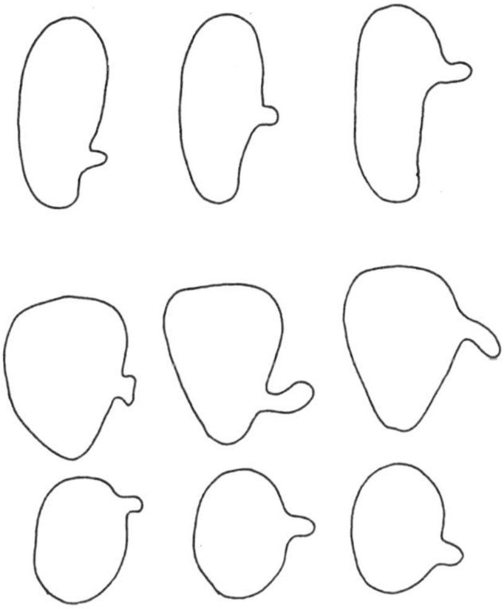

▶ Tip 2:
Statt der Schicht aus Packpapier könnte man den Zeitungspapier-Kopf auch mit einer lufttrocknenden Modelliermasse verkleiden.

Nach dem Trocknen den Puppenkopf mit weißer Dispersionsfarbe anstreichen, die leicht mit Ocker und Rot abgetönt wurde. Gut trocknen lassen!
Die Frisur so herstellen, wie bei den Papprührenpuppen (Nr. 11) beschrieben.
Das Kleid und die Schulter nach der Beschreibung der Kartoffelstampferpuppen (Nr. 17) anfertigen.

▶ Tip 3:
Der Stoff für alle Puppenarten sollte fließend und möglichst knitterfrei sein.
Bei Stockpuppen sollte das Gewand so lang sein, daß es den Unterarm des Spielers bedeckt.

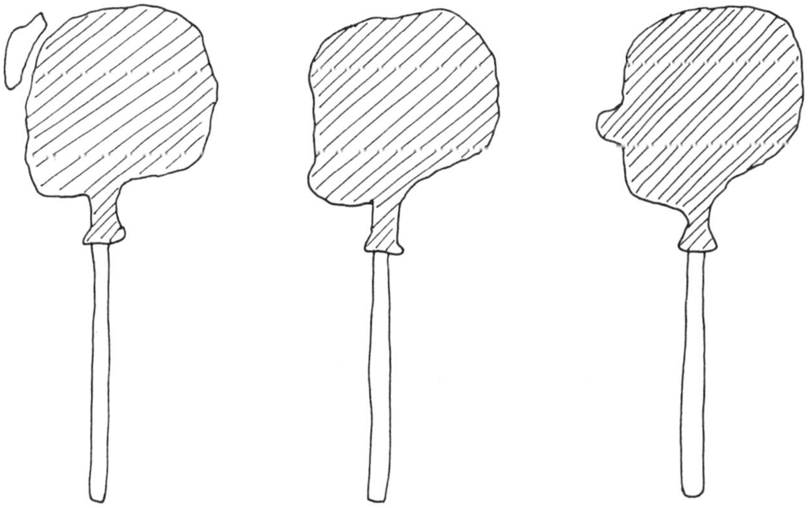

Siehe dazu auch Abb. auf Seite 91

19. Handpuppen mit modelliertem Kopf

Das sollte bedacht werden:

* Aufwendige Herstellung, nicht für kleinere Kinder
* Materialkosten
* Arbeitszeit ab ca. 2 Stunden
* nicht sofort spielbereit, da evtl. Trokkenzeiten eingehalten werden müssen
* Bühne möglich, aber nicht erforderlich
* keine Spielerfahrung nötig

Das wird gebraucht:

- Eine Styroporkugel von ca. 8 cm Durchmesser oder Kleister und Papier wie bei Nr. 18
- evtl. lufttrocknende Modelliermasse
- ein Stück dünne Pappe
- Kordel
- ein alter Damenstrumpf
- Stoff für das Kleid

Und so wird's gemacht:

In eine Styroporkugel ein 2 cm dickes Loch hineinschneiden und drücken. Da hinein eine Papprolle mit dem Umfang des Zeigefingers kleben.

An das Ende der Pappröhre einen Kordelwulst kleben, damit das Kleid später Halt findet.

Auf die Styroporkugel die Teile des Gesichts aufmodellieren. Das kann mit lufttrocknender Modelliermasse oder auch wie bei Nr. 18 mit Kleisterpapier geschehen. Natürlich kann auch der ganze Kopf, wie bei Nr. 18 beschrieben, aus Papier und Kleister modelliert werden.

Die Gesichtspartien großzügig und überzeichnet herausarbeiten, damit sie von weitem noch gut zu erkennen sind.

Über die noch feuchten Teile ein Stück Damenstrumpf ziehen und am Kopf und an der Pappröhre verkleben. (Oder mit einer Lage Packpapier oder Seidenpapier verkleiden und so die Übergänge glätten.)

Nach dem Trocknen den Kopf mit Dispersionsfarbe in dem gewünschten Hautton anstreichen. Später Augen, Mund usw. gesondert anmalen.

Mit Wolle oder Fellresten die Frisur gestalten (wie bei den anderen Puppen beschrieben).

Für das Kleid einen Schnitt nach der Handgröße des Spielers anfertigen. Das Kleid soll mindestens 35 bis 45 cm lang werden.

In den Hals ein Gummiband einziehen. Dieses hält das Kleid am Pappröhrchen fest und kann bei Bedarf schnell gewechselt werden.

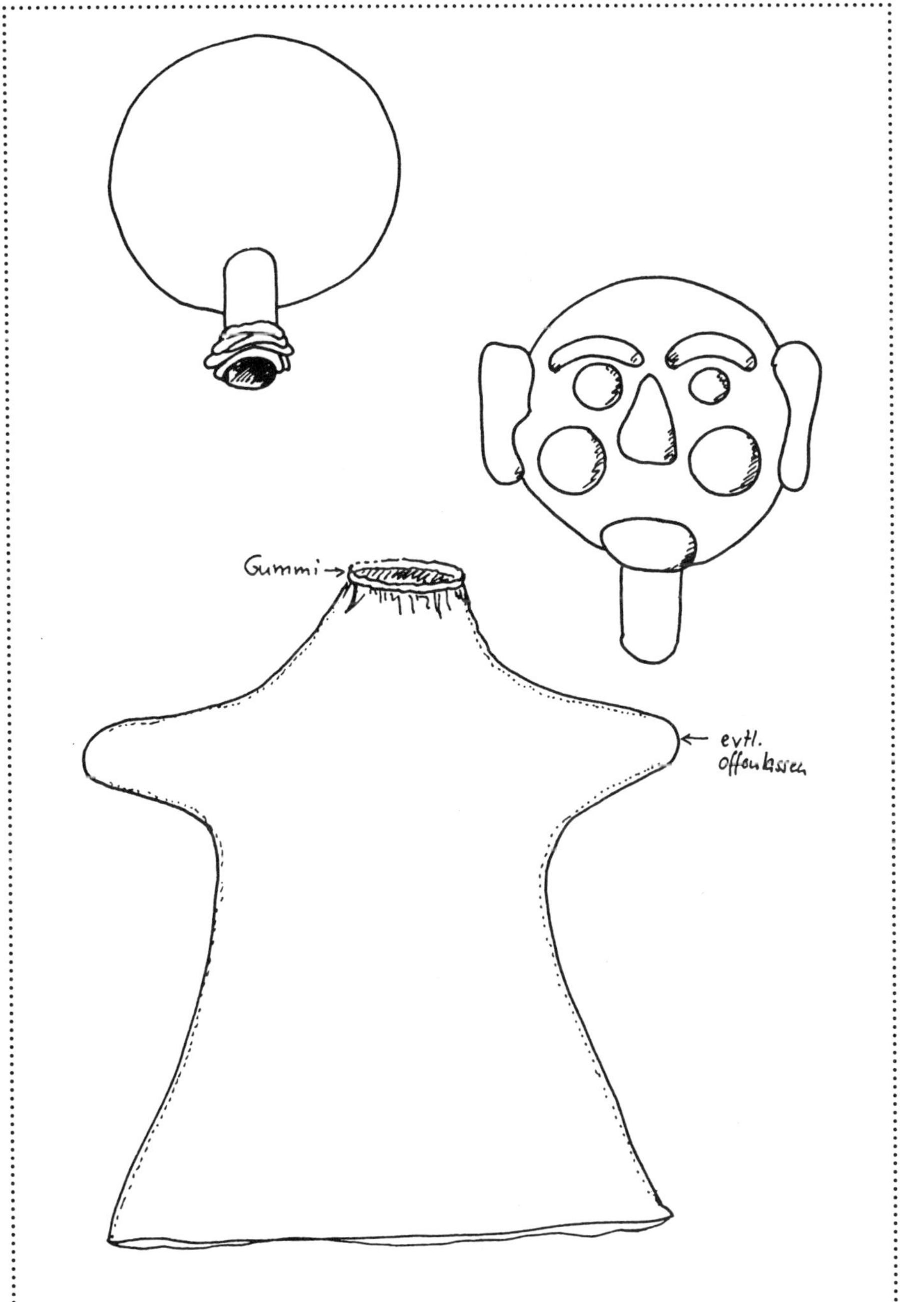
Gummi
evtl. offenlassen

20. Große Stabpuppen / Besenstielpuppen

Das sollte bedacht werden:

* Aufwendige Herstellung, nicht für Kinder geeignet
* Materialkosten
* Material muß rechtzeitig besorgt und evtl. vorbereitet werden
* Arbeitszeit ca. 5 Stunden
* Bühne wünschenswert
* Spielerfahrung nötig

Das wird gebraucht:

- Styroporkugel, Durchmesser ca. 12 cm
- Rundstab 90–100 cm, Durchmesser ca. 10–12 mm
- Holzleiste, ca. 2 cm breit, doppelt so lang wie der Durchmesser des Kopfes
- zwei Holzleisten für die Arme, je ca. 30 cm lang
- Schraubhaken und Ösen, ca. 7 Paar
- Bohrer
- Leiste ca. 60 cm, sehr dünn, als Führungsstab
- Stoff für das Kleid, ca. 45 × 180 cm

Und so wird's gemacht:

Der Kopf kann aus einer Styroporkugel (wie Nr. 19) oder aus Kleisterpapier (wie Nr. 18) modelliert werden. Er kann aber auch aus Abfallmaterial wie Spülmittelflaschen (Nr. 6), Blechdosen, Käseschachteln, Milchtüten usw. bestehen.
Da die Stabpuppe insgesamt größer wird als die bisher beschriebenen, ist der Kopf entsprechend größer zu gestalten.
Für den Hals ein entsprechend großes Loch in die Styroporkugel bohren.
Den Kopf ausgestalten. Kopf und Körper zunächst getrennt bearbeiten.
In die Mitte der Schulterleiste ein Loch bohren, durch das der Rundstab paßt. Damit die Schulter beweglich bleibt, aber nicht am Stab herunterrutschen kann, wird sie durch ein kleineres Holzstück unterfangen. Dieses wird in der Mitte ebenfalls durchbohrt und mit dem Rundstab so verleimt, daß oberhalb der Schulter noch ca. 10–12 cm überstehen (für den Hals und die Befestigung des Kopfes).
Für die Arme jeweils drei Teile (Oberarm, Unterarm, Hand) zurechtsägen. Die Teile durch Haken und Ösen verbinden.
Die Arme mit Schraubhaken und Ösen an der Schulter befestigen.
An die Innenseite der rechten Hand ein Führungsstäbchen leimen.
Den Stoff für das Kleid doppelt nehmen und in die Mitte einen kleinen Schlitz schneiden, durch den der Stab geschoben wird. – Den Kopf auf den Stab drücken und festkleben.

▶ Tip:
Für das Kleid kann auch ein Gewand genäht werden. Dazu eignet sich ein großer T- oder Kimonoschnitt.

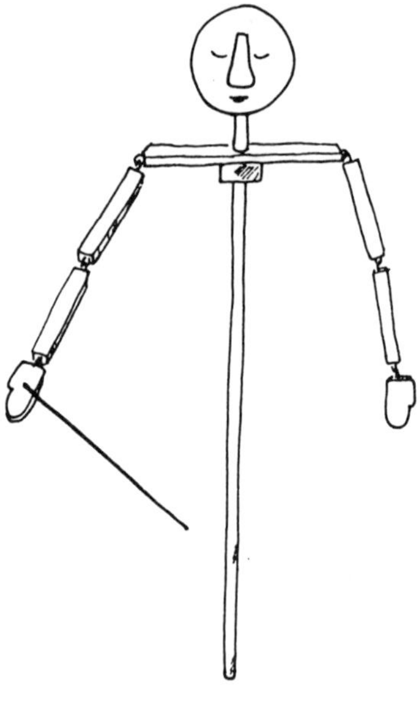

Die Besenstielpuppe wird ähnlich hergestellt wie die Stabpuppe, nur ist sie viel größer. Als Tragestab dient hier ein Besenstiel.
Für die Schulter kann ein Kleiderbügel aus Holz oder Metall oder eine entsprechend große Latte genommen werden. Es kann günstig sein, zwei Latten zu nehmen und von beiden Seiten des Besenstiels festzunageln.
Der Kopf der Figur sollte größer sein als der menschliche Kopf. Dazu eignen sich Verpackungsmaterialien wie Waschmittelkartons und -tonnen, große Flaschen von Reinigungsflüssigkeiten, umgestülpte Eimer, gerollte Wellpappe, große Schaumstoffbälle oder auch Luftballons, die mit Kleisterpapier (wie Nr. 18) modelliert werden.
Die Gesichter können durch Aufmalen oder durch Aufkleben von Pappe, Krepppapier, Eierkartons, Wollresten o. ä. ihren originellen Typ erhalten. Für das Gewand eignen sich eingefärbte Bettücher, Mülltüten, Jutesäcke, Gardinen, Übergardinen, alte Tischdecken, abgelegte Mäntel o. ä.
Das Kleid wird an den Seiten und oben zugenäht. Oben muß ein kleines Loch offenbleiben, durch das der Stab geschoben werden kann.
Das Kleid sollte auf der Rückseite einen Schlitz haben. Durch diesen steckt der Spieler eine Hand, um den Besenstiel festzuhalten. Der zweite Arm reicht um die Puppe herum und ist gleichzeitig ein Arm der Figur.

21. Stockpuppen mit Nackenführung

Das sollte bedacht werden:

* Aufwendige Herstellung, Kinder brauchen Hilfe
* Materialkosten
* Arbeitszeit ab ca. 5 Stunden
* keine Bühne, da offene Spielweise

Das wird gebraucht:

- Eine Vierkantleiste 15/15, 30–40 cm lang
- Rundholz ca. 20 cm lang, Durchmesser 10 mm
- Rundholz ca. 15–20 cm lang, Durchmesser 6–8 mm
- Zeitungspapier
- Kleister
- Packpapier
- Wolle für Haare
- Für das Kleid:
  - ein Stoffstück ca. 60/80 cm
  - alte Kniestrümpfe oder Kinderstrumpfhosen
  - evtl. zwei Stoffstreifen je ca. 80 cm lang, 12–16 cm breit
  - evtl. zwei alte Hosenbeine, am besten von einer Kinderhose

Und so wird's gemacht:

Den Kopf auf den Vierkantstab modellieren, wie bei den Kleisterpapierpuppen (Nr. 18) beschrieben.
Da die Figuren am Ende sehr viel größer werden als dort, empfiehlt es sich, für den Kopf mindestens die dreifache Menge Papier zu nehmen.

▶ Tip:
Man kann den Kopf auch über einem nicht zu stark aufgeblasenen Luftballon modellieren und den Vierkantstab erst später mit dem Kopf verbinden. Schwierigkeit:
1. *Der Luftballon rutscht leicht weg. Man hat die Arbeit nicht gut in der Hand.*
2. *Man kann nur Gesichtsteile* hinzufügen. *Wegnehmen kann man nichts, weil der Luftballon das verhindert.*

Beim Einsetzen des Vierkantstabes darauf achten, daß die Seitenflächen parallel nach vorne und zu den Seiten zeigen.
Wenn der Kopf gut durchgetrocknet ist, unterhalb des Halsansatzes seitlich eine Bohrung von 8–10 mm anbringen. Sie nimmt später das Rundholz auf, an dem die Beine befestigt sind. Es muß sich lose und gut in der Bohrung bewegen können.
Unterhalb der ersten Bohrung wird von vorn nach hinten ein zweites Loch gebohrt, das später den Halte- bzw. Führungsgriff aufnimmt.
Vor dem Einstecken der Hölzer den Stoff für das Kleid von unten über den Vierkantstab ziehen. Dazu ein kleines Loch in die Mitte des Stoffstückes schneiden. Evtl. noch hinten ein Loch in den Stoff schneiden, damit der Haltegriff sich problemlos durchschieben läßt.
Den Stoff am Halsansatz festkleben.

Für die Beine die Stoffstreifen der Länge nach zusammennähen. Die Socken/Strümpfe von unten darüberziehen und festnähen. In die Spitzen Erbsen oder Reis füllen, damit der Schwerpunkt der Puppe nach unten verlagert wird. (Nicht zuviel Füllung nehmen! Die Puppe wird durch ihre Konstruktion schwer genug.)
Man kann über diese Beine noch die Beine einer alten Kinderhose ziehen.
Die Länge der Beine muß der Puppe individuell angepaßt werden. Das heißt: Das Kind, das später die Figur führen wird, hält sie am Haltegriff mit locker herabhängendem Arm fest. Eine Helferin oder ein Helfer befestigt die Beine der Figur so an dem lockeren Rundstab, der nun durch das Vierkantholz geschoben wird, daß die Fußspitzen gerade den Boden berühren. Das garantiert, daß der Spieler später aufrecht und entspannt auf der offenen Bühne stehen kann.
Nachdem die Beinlänge entsprechend angepaßt ist, werden die Stoffstreifen fest an dem Rundholz angenäht.
Beim Spielen ist darauf zu achten, daß die Figur nicht *über* dem Boden schwebt, sondern die Beine beim Gehen aufsetzt.
Sie kann sich nach rechts und links wenden und den Oberkörper beugen.

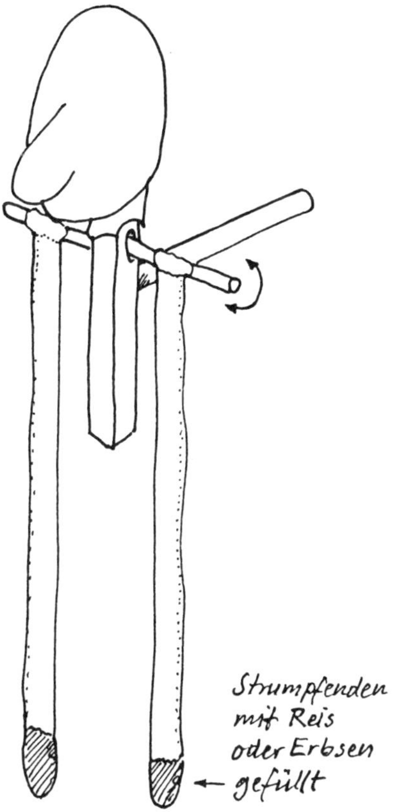

22. Marionetten

Das sollte bedacht werden:

* Aufwendige Herstellung; nicht für Kinder geeignet
* Materialkosten entstehen
* Material muß rechtzeitig besorgt und evtl. vorbereitet werden (z. B. Leisten zurechtsägen)
* Arbeitszeit ca. 5 Stunden
* Bühne wünschenswert
* Spielerfahrung nötig

Das wird gebraucht:

- Holzleisten für den Körper und das Führungskreuz (bitte je nach Puppengröße selbst berechnen; dabei an der Zeichnung orientieren)
- mindestens 13 Paar Schraubhaken und Ösen
- Nylonschnur für die Aufhängung
- Stoff für die Bekleidung
- einen fertig gestalteten Kopf (z. B. nach Nr. 18 oder 19)
- kleine Nägel

Und so wird's gemacht:

Wer sich vorher bereits an einer Stabpuppe mit Gliederarmen versucht hat, dem wird jetzt bereits vieles vertraut vorkommen. Die Zeichnung zeigt, wie das Gerüst einer solchen Marionette aussieht.
Daran sieht man, daß der *Schultergürtel, Arme* und *Hände* zum Beispiel fast genau dem der Stabpuppe entsprechen; es gibt jedoch zwei kleine Unterschiede: Die Schultern sind schmaler als bei einer Stabpuppe (nur um die Hälfte breiter als der Kopf), außerdem braucht in die Schulter kein Loch gebohrt zu werden, weil die Marionette natürlich keinen Stab als Körper braucht. Dafür wird an die Oberseite der Schulter ein Haken eingeschraubt, mit dem der Kopf nachher verbunden wird, und nach unten wird ein stärkeres Stück Seil (evtl. auch dickere Blei-Gardinenschnur) eingeleimt. Sie sorgt für die Verbindung zu Hüfte und Beinen.
Hüfte und *Beine* entstehen nach demselben Prinzip wie Schulter und Arme. Die Hüfte ist etwas schmaler als der Kopfdurchmesser, die Ober- und Unterschenkel jeweils etwas länger als Ober- und Un-

terarm. Das Seil, das in der Mitte der Schulter beginnt, wird in der Mitte der Hüfte ebenfalls verleimt.
Der *Kopf* für die Marionette kann auf die bereits geschilderten Arten hergestellt werden. Als Halt braucht er ein kleines Holzstück (ca. 2 × 1¹/₂ × 5 cm), der in den Kopf hineingedrückt und verklebt wird. In das Ende des Halses wird ein Schraubhaken hineingeschraubt, der wiederum mit dem Schraubhaken in der Mitte der Schulter verbunden wird.
Dann erhält die Puppe *die Fäden*, die sie nachher so lebendig sich bewegen lassen. Insgesamt werden sieben Fäden benötigt. Am besten nimmt man dazu dünne Nylonschnur, wie sie für Mobiles verwendet wird. Die beiden kürzesten Fäden (ca. 60 cm lang) werden hinter den Ohren auf beiden Seiten des Kopfes befestigt. Dazu am besten die Fäden um ein kleines Nägelchen knoten und verleimen und dann in die Styroporkugel hineindrücken. Etwas länger muß der Nackenfaden sein, der an der Rückseite des Schulterholzes befestigt wird. Dann erhält jeder Arm einen Faden, und zwar werden diese jeweils in der Handfläche verknotet.
Die beiden letzten Fäden sind mit den Kniegelenken verbunden.
Bevor die Fäden am *Führungskreuz* nach der beiliegenden Zeichnung befestigt werden, muß die Puppe angezogen werden. Ist die Marionette nach den Größenangaben der Stabpuppe gefertigt worden, so paßt ihr bestimmt einiges, was zu Hause noch von Puppen oder von Säuglingen vorhanden ist. Ansonsten muß die Puppe ein neues Hemd und eine neue Hose erhalten. Die Hose wird mit wenigen Stichen an der Innenseite des Hemdes festgenäht, damit sie nicht hinunterrutschen kann und trotzdem der Puppe genügend Bewegungsmöglichkeit erlaubt. Der Nackenfaden und die beiden Fäden, die von den Knien ausgehn, müssen durch den Hosen- bzw. Hemdstoff nach außen durchgezogen werden.

Ist dies geschehen, werden die Fäden am Führungskreuz befestigt. Die Länge der Arm- und Beinfäden wird so bemessen, daß die Puppe bei geradegehaltenem Kreuz alle Gliedmaßen locker nach unten hängen läßt.
Viel Spaß beim Laufenlernen!

Schema für das Führungskreuz

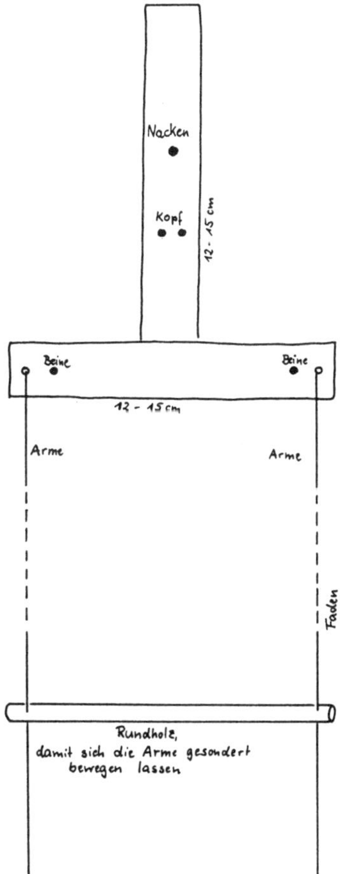

III.
Was einem mit Puppen passieren kann

Was einem mit Puppen passieren kann

Eine bunte Sammlung von Erlebnissen und Geschehnissen rund ums Puppenspiel – nicht nur zur Erheiterung

In der Urgemeinde wird gegrillt

In der frühen Gemeinde treffen sich die Jesus-Anhänger im Haus der Esther. Alle Teilnehmer/innen (Kinder eines vierten Schuljahres) haben Stockpuppen in der Hand. Sie sind der Fischer Jona und seine Frau Ruth, der Töpfer Simeon und sein Sohn Markus, der Kaufmann Josua, Esther, die Witwe usw. Sie überlegen im spontanen Puppenspiel, wie ihre Treffen demnächst aussehen könnten:

»Wir treffen uns am besten wieder bei jemand zu Hause. Ich glaube, die Römer sind schon auf uns aufmerksam geworden.«
»Ja, als ich hierherkam, schlich mir einer nach.«
»Ich habe keine Angst, aber ein bißchen vorsichtig sollten wir schon sein.«
»Ich finde es hier auch viel schöner als in der Synagoge.«
»Wie wäre es, wenn ihr nächsten Sonntag zu mir kommt?«
»Prima! Wir können doch alle was mitbringen.«
»Würstchen zum Grillen!«
»Und für die Musik einen Kassettenrecorder.«

*

Kind von Gott? Na ja ...

Im zweiten Schuljahr hat eine Vikarin erzählt, wie der Engel Maria besucht hat, um ihr die Geburt Jesu anzukündigen. Im improvisierten Puppenspiel sollen die Kinder überlegen, was Maria davon dem Josef erzählt, wenn er nach Hause kommt.
Drei Jungen nehmen die Pappröhrenpuppen und entwickeln die folgende Szene:

Josef: Hallo, Maria, ist was geschehen?
Maria: Ja, ein Engel ist dagewesen. Der hat gesagt, ich krieg ein Kind.
Josef: Von wem?
Maria: Von dem Gott.
Josef: Wie kann das denn sein: von dem Gott?
Maria: Wenn der Engel nochmal wiederkommt, werde ich ihn fragen.
Engel *(kommt dazu):* Maria wird ein Kind bekommen. Das wird ein König sein. Findest du das schön, Josef?
Josef: Na ja!

Die Sonne geht auf – das Stück unter

Bei einer Tagung mit Kindergottesdiensthelfern/innen geht es um die Ostergeschichte nach Markus 16. Eine Gruppe will sie als Puppenspiel aufführen. Lange Vorbereitungen. Mehrfache Anfragen des Tagungsleiters, ob er vielleicht hilfreich sein kann bei der Gestaltung? O nein, es soll auch für ihn eine Überraschung werden!

Schließlich die Aufführung vor allen Teilnehmern der Tagung. Die Kulisse zeigt auf blauer Pappe eine Art Gebirgslandschaft, in der man das Grab Jesu vermuten darf.

Drei weibliche Puppen erscheinen und jammern über den Tod Jesu, wobei die eine immer wieder gluckst vor Lachen – eine Vorwegnahme des österlichen Lachens? In einem etwas verworrenen Dialog erfahren die Zuschauer, daß die drei etwas mit dem toten Jesus vorhaben. Von Salben ist die Rede, wobei sie offenbar voraussetzen, daß jedermann – auch Kinder – mit solchen Gepflogenheiten vertraut ist. Die Bemerkung des Markus (Kap. 16,1) bezüglich des Einkaufs der Salbungsmittel fällt weg, wiewohl dies eine ganze, »lehrreiche« Szene ergeben hätte...

Aber dann! Offenbar hat die Spieler der Vers 2 besonders fasziniert. Denn jetzt schiebt sich aus einem Spalt in der Kulissenpappe oberhalb des Gebirges langsam eine gelbe Scheibe und verharrt dort bebend und zuckend, während die blaue Pappe nebst Gebirge wie bei einem Erdbeben schwankt. Alsdann berichtet eine der Puppen mit unterdrücktem Kichern, daß soeben die Sonne aufgegangen ist und sie ja nun am Grab Jesu angelangt seien.

Es folgen die Ereignisse, wie Markus sie berichtet, mit den von ihm vorgegebenen Dialogen, und schließlich die in Vers 8 beschriebene »Flucht mit Zittern und Zagen«, bei der offenbar die Szene »Kasper und das Krokodil« Pate gestanden hat. Ende der Vorstellung nach ca. zweieinhalb Minuten.

Behutsame Nachforschungen ergeben, daß die Bewerkstelligung des Sonnenaufgangs erheblich Zeit gekostet hat, so daß für das eigentliche Spiel, d.h. um es zu entwickeln und zu proben, nicht mehr viel Zeit übrigblieb.

Moral: Siehe Überschrift.

*

Tütenverwandlung

Eine Vikarin behandelt im dritten Schuljahr die Geschichte von David und Goliath. Um möglichst viele Kinder zu beteiligen, bastelt sie mit ihnen Figuren aus Tüten. Das geht ziemlich schnell und einfach. Sie werden auf die Hand gestülpt, und schon sind die Kinder entweder Philister oder Freunde von David. Sie kennen die Geschichte schon. Nun überlegen sie, wie sie sich als Freunde von David oder von Goliath wohl verhalten sollen. Dabei spielen sie mit ihren Tüten herum, und bald sitzen diese auf dem Kopf statt auf der Hand. Die auf den Kopf gesetzten Tüten wirken wie Helme. Die Kinder klappen sie als Visiere herunter, wenn sie es mit der gegnerischen Gruppe zu tun bekommen. Die Vikarin wird nervös, zumal einige Besucher hinten sitzen, um den Unterricht zu beobachten. Aber die Kinder lassen sich nicht stören. Sie wandeln spontan die vorgesehene Puppenart in eine andere um, die ihrem Spiel viel angemessener scheint. Kein Grund zum Verzweifeln!

*

Die geschlachtete Cousine

Das Gleichnis vom verlorenen Sohn ist »dran«. Sie soll mit allen möglichen Mitteln und Methoden dargeboten werden. Zwei Mitarbeiter greifen zu den Mimik-Tierhandpuppen Ochs und Esel.

Ochse: *(weint jämmerlich)*
Esel: *(kommt hinzu)* I-a, Ochse, warum weinst du denn so?
Ochse: *(weint weiter)*
Esel: Nun sag doch, Ochs: was ist denn los???
Ochse: *(unter Schniefen und Schluchzen)* Sie haben ... sie haben...
Esel: Was haben sie? Wer ist »sie«?
Ochse: *(schluchzt weiter)* Die Knechte unseres Herrn... Sie haben... *(heult gewaltig)*
Esel: I-a was denn nun?
Ochse: Sie haben – meine Cousine geschlachtet!
Esel: I-a, wie furchtbar, Ochse! Aber warum haben denn die Knechte deine Cousine, das Mastkalb, geschlachtet?
Ochse: Weil er zurückgekommen ist.
Esel: Wer ist zurückgekommen?
Ochse: Der Sohn unseres Herrn. Der so lange weg war.
Esel: Sag bloß! – Der ist zurückgekehrt???

(Es folgt nach und nach die Geschichte, s. o.)

*

Kartoffelstampfer und Pulloverärmel

Mit einer Kartoffelstampferpuppe machte ich meine ersten Puppenspielerfahrungen in der Schule. Ich hatte sie auf einem Seminar gebaut und wollte sie sogleich in meiner Klasse ausprobieren. Im Religionsunterricht des ersten Schuljahres erzählte ich die Geschichte von der Kindersegnung (Mk 10,1–10) aus der Sicht der kleinen Lydia.
Lydia war meine Puppe. Schon bald begannen die Kinder mit »Lydia« zu sprechen. »Was sagt denn deine Mutter dazu?«
»Darfst du einfach weglaufen?« Ich wollte das ausnutzen und die Kinder spielerisch in die Geschichte einbeziehen. Aber sie hatten selbst keine Figuren. Ich sagte, sie sollten ihre Pulloverärmel über die Hände ziehen. Es funktionierte! Für die Kinder waren auch diese Spielfiguren, und so konnten wir gemeinsam das Spiel und die Geschichte fortsetzen.

Thaddäus auf dem Weg nach Bethlehem

Die Lehrerin erzählt im Religionsunterricht eine Episode aus dem Adventskalender »Der weite Weg nach Bethlehem« (von Annegert Fuchshuber, Verlag Ernst Kaufmann, 1984).
Gerade hat die Schnecke den Wissenschaftler Thaddäus getroffen. Sie erklärt ihm in einem langen Gespräch, daß sie auf dem Weg ist, um das Heil der Welt zu suchen. Die Geschichte endet damit, daß Thaddäus die Schnecke nachdenklich ins Gras setzt.
Nun sollen die Kinder des zweiten Schuljahres überlegen, ob Thaddäus sich wohl von der Schnecke anregen läßt, auch nach Bethlehem zu gehen. Was wird er sagen, wenn er nach Hause kommt? Wird er seiner Frau von der Begegnung mit der Schnecke berichten?
Der Wissenschaftler Thaddäus und seine Frau stehen als Stockpuppen bereit. Es entwickelt sich zwischen zwei Spielern folgender Dialog:

Thaddäus: Ich habe eine Schnecke getroffen. Sie ist auf dem Weg nach Bethlehem.
Frau: Eine Schnecke? Nach Bethlehem? Was will sie da?
Thaddäus: Sie sucht das Heil der Welt. Da würde ich auch gerne hingehen.
Frau: Au ja, ich gehe mit!
Thaddäus: Das geht doch nicht.
Frau: Warum nicht?
Thaddäus: Wir können unser Haus nicht so lange allein lassen.
Frau: Das ist doch ganz einfach! Wir machen es wie im Urlaub. Da lassen wir es doch auch vier Wochen leerstehen. Wir schließen eben gut ab!

*

Die Zeitmaschine

Eine Figur aus Kleisterpapier (siehe Seite 79ff.) war in meiner Religionsklasse im dritten Schuljahr einmal der alte Mose. Er erzählte den Kindern des Volkes Israel, warum sie schon so lange in der Wüste lebten; weshalb und wie sie in Ägypten gelebt hatten; die Geschichten von seiner Geburt und der merkwürdigen Rettung durch die Tochter des Pharao, so wie er selbst sie erzählt bekommen hatte...
Die Schülerinnen und Schüler hatten in diesem Fall selbst keine Puppen in der Hand. Sie waren die Kinder von damals und versammelten sich im Kreis, auf Kissen sitzend, wenn ich durch die Figur des Mose erzählte. Wir spielten Szenen, in denen die Kinder zu ihren Eltern gingen und sie befragten oder ihnen die Erzählungen des Mose weitersagten.
Um die Kinder in die Zeit des Mose hineinzuversetzen, ließ eine Vikarin einmal eine Kindergruppe in der Phantasie in eine Zeitmaschine steigen und ... mitten in der Wüste landen.

Puppenspiel auf dem Tisch

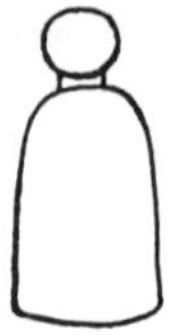

In meiner Puppensammlung habe ich eine kleine Kiste mit Holzfiguren. Die brauche ich immer dann, wenn nicht Dialoge im Mittelpunkt stehen, sondern wenn ich zeigen will, wie sich im Verhältnis der Menschen zueinander etwas ändert.

Wir verteilen die Figuren und sitzen in einem großen Kreis um den Tisch herum. Ich erzählte die Geschichte vom Oberzöllner Zachäus (Lk 19,1–10). Da ist das Stadttor mit Zachäus und dort das Haus, in dem die Familie wohnt. Nur wenige Menschen kommen Zachäus nahe. Die meisten halten sich abseits oder machen einen großen Bogen um ihn. Auch seine Familie wird gemieden. Die Kinder stellen die Figuren nun so hin, wie die Menschen sich am Anfang der Geschichte verhalten.
Die Erzählung geht weiter. Jesus kommt in die Stadt. Die Menschen laufen zu ihm hin. Sie bilden eine dichte Mauer. Zachäus steht abseits und traut sich nicht heran. Wieder werden die Figuren entsprechend gestellt. Zachäus klettert auf einen Baum (in Form eines umgedrehten Trinkbechers o. ä.). Jesus öffnet den Kreis der Menschen und geht auf Zachäus zu. Er geht mit ihm in sein Haus. Nun stehen die anderen draußen.
Die jetzige Stellung der Figuren macht gleichzeitig ihr inneres Verhältnis deutlich. Darüber sprechen wir in jeder Szene. Es wird deutlich, wie Jesus den Ring (der Meinungen und Urteile) durchbricht und Zachäus die Chance gibt, zu einem neuen Leben in der Gemeinschaft zurückzufinden.
Zu dieser Form des Spielens eignen sich nahezu *alle* Figuren, die selbständig stehen können; z. B. auch die aus Pappröhren (siehe S. 60). Stockpuppen kann man zu diesem Zweck in Flaschen stellen. Mit großen Figuren spielt man solche Szenen am besten innerhalb des Stuhlkreises auf dem Fußboden.
Natürlich kann man das Spielen auf dem Tisch oder Fußboden in das dialogische Spiel einbeziehen. Dazu im folgenden ein Beispiel (nach der Erzählung von H. Erlau/W. Habdank, »Die Legende vom vierten König«, Christophorus-Verlag, Freiburg i. Br., 1979):
Coredan, der junge König aus Gordyene, fühlt sich durch einen Traum dazu aufgefordert, einem Stern zu folgen. Glück und Heil für sein ganzes Volk scheinen von dieser Reise abzuhängen. Coredan erzählt seinen Freunden und Ratgebern von dem Entschluß zum Aufbruch. (Wir spielten mit Stockpuppen aus Kleisterpapier, siehe S. 79 ff.). Es entwickelt sich ein lebhafter Dialog: »Du kannst doch nicht einfach alles hier im Stich lassen.« »Wer soll das Land regieren, wenn du nicht da bist?« »Ich geh mit. Ich laß dich nicht alleine losziehen.« »Das kann gefährlich für dich werden.« »Und wenn du den Stern gar nicht findest?« Schließlich setzt Coredan einen Freund als Stellvertreter ein (was so nicht in der Erzählvorlage steht, im Spiel aber logisch ist), und eine ganze Menge von Freunden begleitet ihn. Nur wenige bleiben zurück. Die Kinder als Puppenspieler haben selbst entschieden, wer bleibt und wer mitgeht. Der Hofastrologe Naburi ist sauer, weil der König ihm befiehlt,

ihn auf seiner Reise zu begleiten. Das ist im Sinne der Erzählung. Die Rolle des Coredan wird von der Unterrichtenden übernommen, weil sie im Spiel Entscheidungen treffen kann, die für den Fortgang wichtig sind. Die Szene des Aufbruchs wird zunächst mit viel Palaver gespielt. Wir spielen ohne Bühne, auf einer freien Fläche im Klassenraum. Dann wird die Szene »eingefroren«: Wir stellen die Figuren so zueinander, wie sie beim Aufbruch zueinander stehen. Wir prägen uns das Bild ein und zeichnen es auf.

Zu einem späteren Zeitpunkt kommen wir darauf zurück. Dann nämlich hat Coredan Schwierigkeiten auf seinem Weg. Er verirrt sich. Der Stern läßt sich nicht sehen. Viele Begleiter kehren enttäuscht und entkräftet zurück. Andere werden krank und sterben. Auch dieses stellen wir auf dem Fußboden nach und halten es in einer Skizze fest.

Wir vergleichen die beiden Zeichnungen und stellen fest, daß Coredan seinen Weg zunächst in Begleitung von vielen Freunden geht, dann nur noch mit Naburi. Später wird er ihn ganz alleine fortsetzen.
Im Spiel wird deutlich, was auf den Lebens-Weg jedes Menschen zutrifft: Manchmal haben wir Begleiter, manchmal nicht. In jedem Fall müssen wir unseren Weg selbst gehen. Die Entscheidungen nimmt uns keiner ab.

Eine weitere Möglichkeit für solche Figuren ist auch die Gestaltung einer Weihnachts- oder einer Oster-»Krippe«. Es werden Geschichten erzählt, in denen die einzelnen Figuren eine Rolle spielen, und sie werden nach und nach zu einer Krippendarstellung zusammengefügt.
Versuchen Sie einmal, die Passionsgeschichten auf diese Weise zu erzählen. Aus der Sicht des Petrus, des Judas, des Simon von Kyrene, der Maria Magdalena... Schließlich werden sie alle unter dem Kreuz versammelt sein. Sie

formulieren ihre Gefühle und Gedanken. Aber ist damit Schluß? Was geschieht mit diesen Menschen zu Ostern? Erreicht und trifft sie die Botschaft von der Auferstehung? Wie wirkt sie sich aus? Kommen die Menschen in Bewegung? Ein neues Spiel kann beginnen; ein Spiel von der frohen Botschaft, die in die Welt hinausläuft.

*

Die Pointe

Eine Tagung mit Vikaren zum Kindergottesdienst. Als praktische Übung geht es um die Bileamgeschichte, die – neben anderen – in der Adventszeit unter dem Obertitel »Sei uns willkommen, schöner Stern« im Kindergottesdienst dargeboten werden soll – die Bileamgeschichte (4 Mose 22–24), weil da in 24,17 etwas von »Stern« steht.
Drei Vikare haben es übernommen, die Geschichte mit Hilfe einer Eselspuppe (Esel des Bileam), eines Ochsen (Vertreter der Moabiter) und eines Raben (der als Vogel alles Geschehen von oben betrachten kann), darzubieten.
Nach einer Stunde rufen sie mich; sie wollen mir ihr Produkt probeweise vorführen. Ich kriege eine spannende, lebendige (und auch humorige!) Vorführung zu sehen. Nur – zum Schluß muß ich den Dreien sagen: Ihr habt das, worum es bei der Darbietung der Geschichte im Advent geht – nämlich die Rede Bileams vom Stern – vergessen!
Die Drei lachen und geben zu: Ja, so ist es. Aber das werden wir schon noch hinkriegen.
Etwas später stellen alle Vikare ihre Ergebnisse vor. Als letztes kommt das Puppenspiel. Wieder erlebe ich das Spiel der drei Tiere – wie gehabt. Fast wörtlich läuft alles ab bis zum Schlußsatz. Fröhlicher Beifall. Die Spieler lassen die Puppen sinken.
Niemand – außer mir – hat offenbar bemerkt, daß die Sache mit dem Stern (wieder) fehlt. Ich kann nur mit dem Kopf schütteln...
Da krächzt der Rabe nochmal los: Da warrr doch noch was?!
Der Ochse knurrt: Mua – ja ja, daa waaar doch noch waaas?!
I-a, schreit der Esel, natürlich – da war noch was!
Der Ochse: Aber waaas?
Der Esel: I-a, aber was? (Tiefes Nachdenken der Tiere. Plötzlich:)
Der Rabe (aufgeregt): Ich hab's! Ich hab's! (der Rabe verschwindet; Ochs und Esel schauen ihm nach, schauen sich an, schütteln die Köpfe).
Der Rabe (taucht wieder auf; im Schnabel hat er eine Schnur. Daran baumelt ein kleiner Goldfolienstern...)
Ochs und Esel: I-a, daaaas ist es!
Es folgt in wenigen Sätzen etwas Erklärendes zum Stern. Ende. »Anhaltender« Beifall.
Den restlichen Tag hört man immer wieder »Ich hab's! Ich hab's!« rufen. Die Rede des Bileam vom Stern hat wohl keiner so rasch vergessen.

Marlies Bachmann/Jürgen Koerver

IV.
Puppenspieltexte

Zu den Puppenspielen

Die hier wiedergegebenen »Stücke« sind ganz unterschiedlich – so verschieden wie die Puppen und ihre Auftrittsgelegenheiten, die wir in den vorangegangenen Kapiteln geschildert haben.
Einige geben eine außerbiblische Erzählung (z. B. eine Legende) wieder, andere sind biblischen Ursprungs oder in Anlehnung an biblische Geschichten geschrieben.
Es sind solche mehr für kleinere Kinder, andere wenden sich an etwas ältere, wieder andere haben die ganze Gemeinde, junge und ältere Menschen im Auge.
Es sind Puppenspiele zum Weiterspielen (oder -erzählen) durch die Zuhörer und -schauer, Puppenspiele als Anspiele vor einer biblischen Geschichte oder als Nachspiel. Die meisten Puppenspiele sind in dialogischer Form, andere wieder mit einem Erzähler, dessen Erzählung durch Puppen dargestellt wird, usw.
Es gibt Spiele für zwei Puppen, für drei, vier oder mehr Puppen, auch solche mit »Massenszenen«.
Und: die verwendeten Puppen sind verschieden! Bei jedem Stück steht, welche Art von Puppen der/die Autor/in benutzt hat. Das heißt aber nicht, daß man sich streng an diese Angaben halten muß. Allerdings sollte man beachten, daß manche Spiele davon »leben«, daß die verwendeten Puppen sich z. B. bewegen können. Das meint zum Beispiel: nicht jedes Stabpuppenspiel ist auch für (starre) Flachfiguren ohne weiteres geeignet.
Und schließlich: Die Autoren haben sich sicher etwas dabei gedacht, wenn sie ihre Puppen so reden lassen wie es im Text steht. Das soll aber niemand hindern, die Texte zu verändern, sie sich »mundgerecht« zu machen!
Wenn die Spieler/innen den vorgegebenen bzw. geänderten Text nicht auswendig lernen wollen oder können (was bei langen Stücken nur nach vielen Proben »sitzt«), also »vom Blatt« spielen, dann sollte man (sich) den Text sauber und lesbar noch einmal abschreiben und vor allem erproben, wie man ihn am günstigsten »lagert« oder hängt. Ein während der »Vorstellung« von dannen eilendes Textblatt könnte katastrophale Folgen haben.

Der Bärenberg

Eine Mutmachgeschichte (zum Weiterspielen)

Nach dem Bilderbuch von Max Bolliger / Jozef Wilkon, »Der Bärenberg«;

SPIELER: 1. Bär / 2. Bär / 3. Bär / Wolf / Tiger

Mit Flachfiguren, aber auch mit anderen Puppen möglich

(Am Fuße eines hohen Berges stehen drei kleine Bären. Sehnsüchtig schauen sie hinauf.)

1. Bär: Wie schön muß es da oben sein!

3. Bär: Schaut, wie die Sonne auf dem Gipfel strahlt!

2. Bär: Wir wollen versuchen hinaufzuklettern!

3. Bär: Ist das nicht viel zu gefährlich?

1. Bär: Ach was, wir sind doch zu dritt!
Was soll uns schon passieren?

3. Bär: Aber wir sind bis jetzt noch nie da hinaufgegangen.

2. Bär: Dann ist es eben jetzt das erste Mal!

1. Bär: Schließlich sind wir ja Bären! Wir sind stark und mutig.

3. Bär: Aber noch so klein!

2. Bär: Komm mit, kleiner Bär, gemeinsam schaffen wir den Weg zum Gipfel!

1. Bär: Stell dir den Ausblick vor, wenn wir erst oben sind!

2. Bär: Wir können sicher über viele Berge hinwegsehen!

1. Bär: Dann sind wir die größten!

*(Die drei kleinen Bären machen sich auf den Weg.
Vor einer Weggabelung bleiben sie stehen.)*

1. Bär: Der linke Weg muß der richtige Weg zum Gipfel sein.

3. Bär: Ja, das denke ich auch.

2. Bär: Nein, ich glaube das nicht. Der rechte führt schneller zum Ziel.

3. Bär: Meinst du, kleiner Bär? Ja, das könnte auch sein.

1. Bär: Was denn nun: Links oder rechts?

2. Bär: Der rechte Weg ist richtig.

3. Bär: Ich weiß nicht recht.

1. Bär: Ich denke, der linke führt zum Gipfel.
Also, ich gehe nach links.

2. Bär: Laßt uns nicht streiten.
Ich glaube, es ist besser, wenn jeder seinen eigenen Weg geht. Ich gehe nach rechts. Auf Wiedersehen. Viel Glück!

1. Bär: Auf Wiedersehen, kleiner Bär!

3. Bär: Und ich?

(Der erste kleine Bär schlägt den linken Weg ein.)

1. Bär: Wie schön die Blumen hier blühen! Und wie die Wiese duftet! Nur schade, daß die anderen nicht dabei sind!

3. Bär: *(ruft von weitem, ist aber nicht zu sehen):*
Warte auf mich, kleiner Bär, nimm mich mit!

1. Bär: Dann komm! Bleib nicht so oft stehen! Und schau dich nicht dauernd um! Du mußt stetig weiterklettern, so wie ich! Auch wenn es anstrengend ist!

Wolf: Halt, keinen Schritt weiter! Was willst du hier?

1. Bär: Ich will auf den Gipfel.

Wolf: Ha, auf den Gipfel! Ich lasse dich nur durch, wenn du stärker bist als ich.

1. Bär: *(zu sich)* Der Wolf ist sicher stark. Aber ich bin schon so nah am Ziel. Eher will ich mich dem Wolf stellen als wieder umkehren.
(zum Wolf) Laß uns kämpfen und sehen, wer stärker ist.
(Sie kämpfen miteinander, bis der Wolf auf dem Rücken liegt.)

Wolf: Hör auf! Ich geb mich geschlagen! Du hast ja wirklich Bärenkräfte! Du kannst durch. Ich geb dir den Weg zum Gipfel frei!

(Der zweite kleine Bär schlägt den rechten Weg ein.)

2. Bär: Wie schön die Blumen hier blühen! Und wie die Wiese duftet! Nur schade, daß die anderen nicht dabei sind!

3. Bär: *(ruft von weitem, ist aber nicht zu sehen):*
Warte auf mich, kleiner Bär, nimm mich mit!

2. Bär: Dann komm! Bleib nicht so oft stehen! Und schau dich nicht dauernd um! Du mußt stetig weiterklettern, so wie ich! Auch wenn es anstrengend ist!

Tiger: Halt, keinen Schritt weiter! Was willst du hier?

2. Bär: Ich will auf den Gipfel.

Tiger: Ha, auf den Gipfel! Ich lasse dich nur durch, wenn du stärker bist als ich.

2. Bär: *(zu sich)* Der Tiger ist sicher stark. Aber ich bin schon so nah

am Ziel. Eher will ich mich dem Tiger stellen als wieder umkehren.
(zum Tiger) Laß uns kämpfen und sehen, wer stärker ist.

(Sie kämpfen miteinander, bis der Tiger auf dem Rücken liegt.)

Tiger: Hör auf! Ich geb mich geschlagen! Du hast ja wirklich Bärenkräfte! Du kannst durch. Ich geb dir den Weg zum Gipfel frei!

(Der erste und der zweite kleine Bär treffen aufeinander und umarmen sich.)

1. Bär: Nanu, wie kommst du denn hierher auf den Gipfel?

2. Bär: Ich bin meinen Weg gegangen. Unterwegs mußte ich mit dem Tiger kämpfen. Und du?

1. Bär: Ich bin auch meinen Weg gegangen. Ich mußte den Wolf besiegen.
Die beiden Wege laufen hier oben zusammen. Hätten wir das an der Kreuzung gewußt!

2. Bär: Wie schön es hier ist! Die Anstrengung hat sich wirklich gelohnt.

1. Bär: Und wie schön es ist, dich wiederzusehen! Schade, daß der dritte kleine Bär nicht dabei ist.
Hast du eine Ahnung, wo er geblieben ist?

2. Bär: Ich glaube, er hatte Angst und ist nach Hause gelaufen.

1. Bär: Was können wir nur tun, daß er seinen eigenen Weg geht und sich nicht vor Tigern und Wölfen fürchtet?

Marlies Bachmann

Rotschopf

Eine Geschichte zum Thema »Fremde unter uns« (zum Weiterspielen)

Nach der Geschichte »Rotschopf« von Gerhard Meyer;
aus: Lesebuch 2, Ernst Klett Verlag, Stuttgart 1968

SPIELER: Uschi / Heinz / Jan / Tim / Rotschopf, ein Mädchen mit roten Haaren und Sommersprossen

Mit Stockpuppen oder anderen

(Uschi, Heinz, Jan, Tim wohnen im gleichen Haus. Sie kommen gerade aus der Schule.)

Jan: Treffen wir uns nachher auf der Wiese?

Tim: Na klar!

Uschi: Heute haben wir nur wenig Hausaufgaben auf!

Heinz: Herrliches Wetter!

Tim: Fast schon wie Ferien!

Heinz: Habt ihr schon gesehen? Oben sind neue Leute eingezogen!

Tim: Heute morgen stand schon ganz früh der Möbelwagen vor der Tür.

Uschi: Meine Mutter hat gesagt: Was das wohl für Leute sind, die Neuen?

Jan: Deine Mutter? Komisch, mein Vater auch. »Ich bin gespannt, was das für Leute sind«, hat er gemeint.

Heinz: Redet doch nicht so lang über die Neuen! Wir vertrödeln nur die Zeit.

Tim: Heinz hat recht. Wir wollen schnell essen, Schulaufgaben machen und dann spielen.

Jan: Uschi, bringst du deine große Decke mit raus?

Heinz: Au ja, dann können wir wieder Turnstunde spielen.

Tim: Oder eine Bude bauen!

Uschi, Jan, Heinz: Prima Idee! Das machen wir!

Uschi: Wenn ihr, Tim und Jan, auch noch Decken mitbringt und du, Heinz, die Stöcke aus eurem Keller!

Tim, Jan, Heinz: Geht in Ordnung! Wir bringen mit, was wir finden.

Uschi: Beeilt euch mit den Hausaufgaben!

Tim: Das wird klasse!

Jan, Heinz: Bis nachher!

Uschi, Tim: Bis gleich! *(Die vier Freunde gehen ins Haus.)*

(Die vier Freunde kommen auf die Wiese.)

Uschi: Hier ist die versprochene Decke.
Mensch, Jan, hast du tolle Tücher mitgebracht!

Heinz: Ob die Stäbe wohl reichen?

Tim: Klopft sie nur ordentlich fest!

Jan: Tim, gibst du mir mal die Leine?
Wenn wir sie da festspannen, können wir die Decken drüberlegen.

Uschi: Und mit den Tüchern verhängen wir den Eingang.

Jan: Ein richtiges Zelt!

Heinz: Jetzt können wir eigentlich noch unsere Spielsachen runterholen.

Tim: Und ein paar Kissen.

Uschi: Ein Picknick zu machen, wäre auch ganz toll!
Sollen wir mal fragen, ob wir etwas dafür bekommen?

Heinz: Das ist eine tolle Idee!

Jan: Ich krieg bestimmt was!

Tim: Stopp! Stopp! Guckt mal da!

(Tim zeigt auf das Mädchen Rotschopf, das plötzlich am Rand der Wiese steht.)

Jan: Wer ist die denn?

Heinz: Die hab ich noch nie hier gesehen.

Uschi: Was die für rote Haare hat!

Jan: Und das ganze Gesicht voll Sommersprossen!

Heinz: Wie die da steht! Ob die denkt, wir lassen sie mitspielen?

Uschi: He – was willst du hier?

Jan: Du hast hier nichts zu suchen!

Heinz: Mach, daß du wegkommst! Das ist unsere Wiese!

Uschi: Und unser Haus! Hau ab!

Heinz: Hau ab, du Rotschopf!

Uschi, Heinz, Jan *(schreien):* Rot-schopf, Rot-schopf!

Tim: Hört doch auf! Hört auf!

Uschi, Heinz, Jan: Hm? Du spinnst wohl?

(Es ist denkbar, daß darauf vorbereitete Kindergottesdiensthelfer/innen die beiden Szenen vorspielen. Dann geben sie die Puppen an Kinder weiter – vielleicht sogar in mehreren kleinen Gruppen. Die Kinder überlegen Möglichkeiten der Fortführung, spielen diese vor und bewerten die Lösungen.)

Marlies Bachmann

Wie es dazu kam, daß man den Geburtstag von Jesus feiert

Ein Anspiel zusammen mit der Weihnachtsgeschichte und Liedern

SPIELER:	Josua / Samuel / Herold / Sara / Ruth / Levi / Amos / Esther sowie Soldaten und Leute, einige Sprecher

Mit beliebigen Puppen

(Josua und Samuel treffen sich auf einer Straße in Antiochia.)

Josua: Shalom, Samuel!

Samuel: Shalom, Josua!

Josua: Ich habe dich vermißt, als wir uns am Sonntag in Esthers Haus getroffen haben.

Samuel: Ja, es tut mir auch leid, daß ich nicht kommen konnte, aber meine Frau war krank und ich wollte sie nicht alleinlassen. Waren viele Brüder und Schwestern da?

Josua: Ja! Und es war sehr interessant. Esthers Sohn ist aus Rom zu Besuch. Du weißt doch, er hat eine gute Stellung bei einem Kaufmann. Was der alles erzählt hat! Die Vorbereitungen zum Geburtstag des Kaisers werden da noch großartiger getroffen als bei uns!

Samuel: Mir reicht schon, was die Römer hier veranstalten!

Josua: Hast du schon gehört, daß es sogar bei uns in Antiochia eine Freivorstellung im Zirkus geben soll?

Samuel: Ja, das macht der römische Statthalter immer, wenn die Leute wegen der hohen Steuern wütend auf ihn sind.

Josua: Diesmal gibt es die Freivorstellung zur Feier des Kaisergeburtstages. Es sollen eine Menge Gefangene und Kriegsverbrecher in der Arena gegen wilde Tiere kämpfen.

Samuel: Den Römern fällt auch nichts anderes ein, als die Leute durch Zirkusspiele bei Laune zu halten.

Josua: Ja, da hast du recht, und für den Frieden an den Grenzen sorgen die Soldaten, die wir mit unseren Steuergeldern bezahlen müssen.

Samuel: Pst, sprich nicht so laut! Ich glaube, da kommen Römer. Die brauchen uns ja nicht unbedingt als Jesus-Leute zu erkennen!

(Ein Herold, Soldaten und Leute kommen. Josua und Samuel gehen zur Seite.)

Herold: Bürger von Antiochia!
Der Kaiser von Rom hat am 25. Dezember Geburtstag!
Der Herr der Welt! Unser Friedenskaiser!

Leute: *(rufen)* Hoch! Es lebe der Kaiser!

Herold: Ihm zu Ehren ist die Bevölkerung eingeladen, im Zirkus den Gladiatorenkämpfen zuzusehen. Der Eintritt ist frei!
Brot und Wein wird es reichlich geben!
Feiert mit uns den Geburtstag des Kaisers; des Heilandes der Welt!
Geht in die Tempel und opfert ihm, dem Gott der unbesiegbaren Sonne! Es lebe unser Friedenskaiser!

Leute: *(rufen)* Hoch!

(Herold, Soldaten und Leute gehen weiter. Josua und Samuel treten wieder in die Mitte.)

Samuel: Hast du das gehört, Josua? »Herr der Welt!« »Friedenskaiser!« Man sollte sie aus dem Land jagen, dieses Römerpack!

Josua: Nicht so hitzig, Samuel! *Meine* Freunde sind die Römer auch nicht. Aber du weißt doch, daß Jesus die Herrschaft Gottes nicht mit Gewalt einführen will.

Samuel: Du hast recht. Ich muß mich beherrschen. Mich ärgert es nur jedes Jahr, mit welchem Aufwand der Geburtstag des Kaisers gefeiert wird! Und wie der Kaiser genannt wird! »Gott der unbesiegbaren Sonne! Friedenskaiser! Heiland der Welt!« Was ist das für ein Frieden und für ein Heil, das er der Welt bringt! Ohne seine Soldaten wäre er auch nicht unbesiegbar! Ich finde, daß all diese Namen viel besser auf Jesus passen würden. *Er* will doch, daß es Frieden gibt, und *er* hat auch den Menschen das Heil gebracht. Aber auf eine ganz andere Art als der römische Kaiser! – – – Warum feiern wir eigentlich nicht den Geburtstag von Jesus?

Josua: Darüber habe ich noch nicht nachgedacht. Aber die Idee finde ich gut. Wir können doch am Sonntag mit den Brüdern und Schwestern aus der Gemeinde darüber sprechen. Wir treffen uns in Levis Haus.

Samuel: Ich komme Sonntag bestimmt. Bis dahin ist meine Frau sicher gesund. Ich bringe sie dann mit. Ich sage auch noch ein paar anderen Bescheid. Über diese Frage sollten wir wirklich einmal sprechen.
Bis Sonntag dann! Shalom, Josua!

Josua: Bis Sonntag! Shalom, Samuel!

(Sie gehen ab.)

*

(Am Sonntag in Levis Haus. Personen: Samuel und seine Frau Ruth, Josua, Levi und seine Frau Sara, Amos, Esther. Sie begrüßen sich mit »Shalom« und setzen sich um den Tisch.)

Josua: Samuel und ich waren neulich dabei, als der Geburtstag des Kaisers angekündigt wurde. Wir wollten gerne mit euch darüber sprechen, ob wir als Christen nicht besser den Geburtstag von Jesus feiern könnten.

Sara: Darüber habe ich auch schon oft nachgedacht, Josua. Alles, was man vom Kaiser sagt, paßt noch viel besser auf Jesus.

Ruth: Wenn ich höre, daß man den Kaiser als den Gott der unbesiegbaren Sonne feiert, dann muß ich immer daran denken, daß mit Jesus doch ein viel mächtigeres Licht in die Welt gekommen ist. Er hat so vielen Menschen geholfen, die traurig waren und bei denen es dunkel war. Denkt nur an die Geschichte mit Bartimäus!

Samuel: Ja, Ruth, ein solches Licht kann der Kaiser niemals in die Welt bringen.

Levi: »Heiland der Welt« nennen die Römer den Kaiser. Macht der Kaiser die Welt heil, wenn er mit großer Pracht regiert und das Geld dazu von den ärmsten Leuten verlangt? Der würde sich doch nie mit uns an einen Tisch setzen!

Amos: Und Verbrecher wie Zachäus würde er in die Arena zu den wilden Tieren schicken statt sich um sie zu kümmern, wie Jesus es tat.

Esther: Aber damit würde er nicht soviel erreichen wie Jesus. Wißt ihr noch, wie sogar die Kinder dem Zachäus nachsangen?
»Zachäus, böser reicher Mann, was hast du denn getan?
Die Leute haben dich nicht lieb.
Geh weg von uns, du böser Dieb!
Zachäus, Zachäus, du böser reicher Mann!« (nach LFJ 631)

Amos: Jesus kümmerte sich nicht darum, ob die Leute sich aufregten. Er setzte sich mit Zachäus an einen Tisch.

Esther: Ja, und das machte ihn so froh, daß er sich von Grund auf änderte.

Sara: Wenn es Jesus nicht gegeben hätte, dann wäre es sicher für viele Menschen dunkel und traurig geblieben. Auch wir würden dann jetzt nicht hier an einem Tisch sitzen. Das wäre doch früher undenkbar gewesen.

Amos: Wartet mal, da fällt mir die Geschichte ein, die Lukas neulich aufgeschrieben hat. Da hat Theophilus ihn gefragt, ob er etwas über die Geburt von Jesus wisse. Und da hat Lukas all das aufgeschrieben, was uns an Jesus so wichtig ist.

Josua: Ich kenne die Geschichte auch. Es ist viel vom Licht die Rede. Und daß Jesus für die Armen und Ausgestoßenen da ist. Diese Geschichte würde so richtig passen, um den Geburtstag von Jesus zu feiern.

Levi: Und damit die Leute merken, daß *Jesus* und nicht der Kaiser die Welt hell macht, müßten wir den Geburtstag von Jesus auch am 25. Dezember feiern, dem Fest der unbesiegbaren Sonne!

*

Alle singen: »Uns wird erzählt von Jesus Christ, daß er als Mensch geboren ist« (LfJ 614)

1. Sprecher: Und dies ist die Geschichte, wie Lukas sie damals aufschrieb:
Es geschah aber in jenen Tagen, daß ein Befehl ausging vom Kaiser Augustus: »Alle Menschen im Weltreich sollen sich eintragen lassen in Steuerlisten!
Dies war das erste Mal, daß so etwas geschah, und es war die Zeit, als Quirinius Statthalter von Syrien war.
Und alle machten sich auf, um sich eintragen zu lassen, jeder in die Stadt seiner Vorfahren.

2. Sprecher: Da ging auch Josef aus Galiläa, aus der Stadt Nazareth, nach Judäa in die Berge hinauf zur Stadt Davids, nach Bethlehem, denn König David gehörte zu seinen Vorfahren. Er wollte sich dort eintragen lassen mit Maria, der ihm anverlobten Frau, die ein Kind bekommen sollte.

3. Sprecher: Und als sie in Bethlehem waren, kam die Zeit der Geburt. Und Maria bekam ihren ersten Sohn. Und sie wickelte ihn in Windeln und legte ihn in eine Futterkrippe in der Viehhöhle, denn sie hatten sonst keinen Platz in der Unterkunft gefunden.

Alle singen: »Uns wird erzählt von Jesus Christ, daß er ganz arm geworden ist« (LfJ 614)

4. Sprecher: Und so schrieb Lukas weiter:
Hirten waren in der Gegend von Bethlehem,
die übernachteten bei den Schafhürden im Feld, die bewachten ihre Herden.
Und da: Ein Bote Gottes trat zu ihnen. Es wurde hell um sie.
Sie waren umglänzt vom Lichtglanz Gottes.
Und sie erschraken sehr.

Hirten singen: »Was soll das bedeuten« (1. Str., aus: Das Quempas-Heft, Bärenreiter-Verlag)

Ein Engel oder mehrere singen: »Vom Himmel hoch« (EKG/LfJ 16,1.–5. Str.)

(Die Engel treten zurück. Kinder kommen.)

Kinder singen: »Ihr Hirten, ihr Hirten, uns ist was geschehn« (in verschiedenen Weihnachts-Liederbüchern)

Hirten singen: »Treibt zusammen, treibt zusammen« (2. Str. von »Was soll das bedeuten«)
»Das Kindlein, das zittert« (5. Str.)
»So geht und nehmet« (6. Str.)

Alle singen: »Des laßt uns alle fröhlich sein« (EKG/LfJ 16, Vers 6)

5. Sprecher: Und sie liefen und kamen und fanden das Kind,
Maria, die Mutter, und Josef.
Und sie erzählten alles weiter, was ihnen gesagt worden war von diesem Kind.
Und alle, die es hörten, gerieten in Erstaunen:
Freude, Glück und Lobpreis.
Und die Botschaft ging aus übers ganze Land.
Sie kam in die ganze Welt.
So schrieb Lukas.

Alle singen: »Geht, ruft es von den Bergen« (LfJ 607)

*

6. Sprecher: Die Standbilder der römischen Kaiser sind längst zerfallen. Den Geburtstag des Kaisers feiert niemand mehr. Die Botschaft von Jesus aber geht immer noch um die ganze Welt, und auch dieses Jahr feiern wir wieder seinen Geburtstag. Doch immer noch leben Menschen einsam und ausgestoßen. Viele sind traurig. Um sie ist es dunkel.
Vielleicht können wir alle mithelfen, daß es ein bißchen heller in der Welt wird.

Alle singen: »Tragt in die Welt nun ein Licht« (Menschenskinderlieder Nr. 132)

Marlies Bachmann

Wie Lukas die Weihnachtsgeschichte schrieb

Ein Anspiel mit Überleitung zur Weihnachtsgeschichte

SPIELER: Erzähler / Lukas / Julia, die Frau des Lukas / Tullius / Lydia, seine Frau / Titus / Irene, seine Frau / Sara / Ruth / Markus

Mit Stabpuppen

Erzähler: Es ist das Jahr 90 nach Christus. Wir befinden uns in einer kleinen Stadt an der Mittelmeerküste Kleinasiens. Hier gibt es seit etwa 30 Jahren eine christliche Gemeinde. – Die Christen haben es nicht leicht, sich zu ihrem Glauben zu bekennen. Der römische Kaiser Domitian, der den ganzen Mittelmeerraum beherrscht, verfolgt die Christen und quält sie, wo er nur kann. Doch die Christen halten zusammen. Sie treffen sich auch weiterhin am ersten Tag der Woche, um miteinander zu essen und zu trinken und dabei an Jesus zu denken. Sie besprechen ihre Sorgen. Sie helfen einander, so wie Jesus es von ihnen verlangt hat.
Jesus ist nun schon seit 60 Jahren tot – von den Römern am Kreuz hingerichtet. Doch für die Christen ist er lebendig. Für sie lebt er weiter in seinen Worten und Taten.
Auch von Paulus sprechen die Christen hier oft. Manche kennen ihn noch persönlich, den Paulus aus Tarsus, der mit viel Mut und großem Eifer allen Menschen von Jesus erzählt hat. Aber auch Paulus ist schon seit mehr als 20 Jahren tot. Auch er wurde wegen seines Glaubens von den Römern gefangengenommen und hingerichtet.
Da kommen Markus und Sara, einige von den Christen hier.

Sara: Heute sind wir zu Gast bei Lukas. Ich gehe gerne zu ihm. Er ist zwar schon ein alter Mann, aber er kann so viel und so spannend von Jesus erzählen.

Markus: Ja, Lukas weiß das alles von Paulus. Er hat ihn ja noch gekannt. – Ich bin gespannt, was er uns heute erzählt.

Sara: Da kommen ja auch die anderen: Tullius und Titus mit ihren Frauen und Ruth, die Stoffhändlerin.

(Markus begrüßt die Ankommenden. Gemeinsam gehen sie zu Lukas.)

Markus: *(zu Lukas)* Vielen Dank, Lukas, daß wir uns heute bei dir und Julia treffen können.

Sara: Nächste Woche könnt ihr gerne einmal zu uns kommen!

Tullius: Aber wir müssen aufpassen, daß uns die Römer nicht erwischen.

Titus: Ja, der Kaiser Domitian hat seine Spitzel überall.

Irene: Letzte Woche erst wurde meine Freundin Claudia verhaftet und verhört. Seitdem habe ich keine Nachricht mehr von ihr.

Ruth: Hast du uns etwas Neues zu berichten, Lukas?

Lukas: Ja, ich glaube schon. Aber setzt euch doch erst einmal.

(Alle nehmen Platz. Auf dem Tisch stehen Brot, Wein, Teller u. Gläser.)

Julia: Zuerst wollen wir das Brot teilen und den Wein trinken, wie Jesus es uns gesagt hat.

Lukas: Da hast du recht, Julia.

(Lukas verteilt Brot und Wein.)

Wir essen das Brot und denken dabei an den Leib von Jesus. Wir trinken den Wein und denken dabei an das Blut von Jesus.

Alle: Amen.

(Alle essen und trinken während der folgenden Unterhaltung weiter.)

Lydia: Du hast uns neugierig gemacht, Lukas. Was gibt es Neues?

Lukas: *(zu Julia)* Hol doch bitte einmal den Brief, Julia!

(Julia bringt einen Brief.)

Lukas: *(öffnet ihn)* Diesen Brief bekam ich neulich aus Rom. Er ist von einem Mann geschrieben, der Theophilos heißt. Ich will euch ein Stück daraus vorlesen.

(Lukas liest:)

»Auch hier gibt es Christen, die sich regelmäßig treffen. Auch wir denken an das, was Jesus gesagt und getan hat. Aber manche von uns kennen nicht alle Geschichten von Jesus. Und manche von uns fangen an, die Geschichten zu vergessen. Du hast doch Paulus gekannt. Paulus hat Petrus und andere gekannt, die Jesus noch persönlich gesehen haben. Paulus hat dir sicher viel erzählt, was Jesus gesagt und getan hat. Kannst du das nicht einmal alles der Reihe nach aufschreiben, damit wir es immer wieder nachlesen können?«

Titus: Ja, Lukas, das ist eine gute Idee! Du weißt soviel von Jesus und du bist auch ein guter Geschichtenschreiber. Tu das doch, was Theophilos möchte.

Lukas: Ich habe schon darüber nachgedacht. – Es gibt da eine Geschichtensammlung, die ein Markus vor ungefähr 20 Jahren aufgeschrieben hat. Die könnte ich gut verwenden. Und dann habe ich noch eine alte Schriftenrolle mit Sätzen, die Jesus einmal gesagt hat. Daraus läßt sich etwas machen.

Tullius: Das schaffst du bestimmt, Lukas.

Lukas: Ja, aber da gibt es eine Schwierigkeit.

Irene: Eine Schwierigkeit?

Lukas: Theophilos will doch *alles* über Jesus wissen. Aber die Geschichten, die ich kenne, erzählen nur von dem erwachsenen Mann Jesus.

Lydia: Du meinst, Theophilos möchte auch etwas über die Kindheit von Jesus wissen?

Markus: Davon habe ich aber noch nie etwas gehört! Jesus war sicher ein Kind wie andere Kinder auch.

Sara: Ich kenne auch keine Geschichte von Jesus als Kind.

Julia: Ich auch nicht. Ich halte es auch nicht für wichtig. Wichtig sind doch für uns seine Worte und was er getan hat. Und das hat er erst als Erwachsener getan.

Lukas: Ihr habt ganz recht, Freunde. Aber wenn ich das dem Theophilos schreibe, ist er enttäuscht. Er möchte die Geschichten von Jesus sicher seinen Freunden in Rom vorlesen. Und er will damit viele neue Christen dazugewinnen. Da muß er ihnen deutlich machen können, daß Jesus der Messias war, und zwar *von Anfang an.*

Titus: Ich glaube auch, daß es gut wäre, wenn wir eine Geschichte von der Geburt Jesu hätten; ich meine, nicht nur für Theophilos, auch für uns.

Irene: Wie meinst du das Titus?

Titus: Ich meine das so: Von jeder großen Persönlichkeit kann man eine Geschichte ihrer Geburt erzählen. Denke nur an Mose! Mose wird geboren, die Mutter legt ihn in das Schilfkästchen, die Tochter des Pharao findet ihn. Man weiß doch von Anfang an, daß Gott etwas Besonderes mit Mose vorhatte.

Tullius: Das stimmt, Titus. Von meiner Geburt weiß ich nichts. Ich weiß noch nicht einmal genau, *wann* ich geboren bin. Wir alle wissen es nicht genau. Es wird ja nicht aufgeschrieben. Es ist ja auch nicht wichtig. Aber von Jesus sollte es wirklich eine Geschichte von seiner Geburt geben. So würden alle Heiden, die zum erstenmal die Geschichte von Jesus lesen oder hören, genau wissen, was Gott von Anfang an mit Jesus vorhatte.

Ruth: Kannst du nicht eine Geschichte *erfinden,* Lukas? Du bist doch ein guter Geschichtenerzähler.

Sara: Die römischen Kaiser lassen auch Geschichten über ihre Geburt schreiben, damit jeder weiß, daß sie zum Kaiser *geboren* sind.

Lukas: Daran habe ich auch schon gedacht, selbst eine Geschichte zu schreiben. Aber ich weiß nicht, ob ich das so hinkriege, daß schon in der Geschichte von der Geburt die Wichtigkeit und die Bedeutung von Jesus klar wird.

Lydia: Wir könnten dir helfen, ein paar Ideen zusammenzutragen.

Markus: Julia, hol deinem Mann das Schreibrohr und ein Stück Papyrus. Dann kann er sich ein paar Notizen machen.

(Julia holt die Schreibsachen.)

Lukas: Zunächst müßten wir aufschreiben, *wann* Jesus geboren ist.

Irene: War das nicht in der Zeit, als Augustus Kaiser von Rom war?

Lukas: Stimmt. Und es muß auch in der Zeit gewesen sein, als Cyrenius Statthalter in Syrien war.

Tullius: Das Jahr seiner Geburt wissen wir also nicht genau!

Titus: Ist doch nicht so wichtig.

Sara: Ich finde es gut, daß Lukas aufschreiben kann: Jesus wurde zur Zeit von Augustus geboren. Augustus war doch der große Friedenskaiser und wurde damals sehr verehrt.

Ruth: Ja, und nach Augustus regiert jetzt schon der sechste Kaiser in Rom. An Augustus denken nur noch wenige Menschen. Aber die Menschen, die an Jesus denken und ihn verehren, werden immer mehr. Jesus ist ein Friedenskaiser, der immer bleibt.

Lukas: Die *Zeit* der Geburt Jesu habe ich notiert. Das Stichwort Friedenskaiser auch. Jetzt käme der Geburts*ort*.

Markus: Jesus hat doch mit seinen Eltern in Nazareth gewohnt. Da ist er sicher auch geboren.

Lukas: Das nehme ich auch an. Aber wenn wir das für die Heiden aufschreiben, sagt ihnen das nichts. Nazareth ist nichts Besonderes.

Lydia: Du meinst, wenn Jesus der Messias war, dann muß er auch an einem besonderen Ort geboren sein.

Sara: Jedenfalls in unserer Geschichte.

Tullius: Ich erinnere mich an einen Propheten, der aufgeschrieben hat, woher der Messias kommen sollte.

Titus: Ich glaube, das war der Prophet Micha. Lukas, hast du die Rolle von Micha? Dann könnten wir nachsehen.

Lukas: Julia, schau mal bitte nach! *(Julia bringt die Rolle.)*

Lukas: Da steht es: »... Aus Bethlehem soll er kommen, der neue König, der Messias.«

Irene: Dann mußt du das in der Geschichte auch aufschreiben, Lukas.

Lukas: *(schreibt)* Geburtsort ... Bethlehem.

Ruth: Aber wie kommen die Eltern von Jesus nach Bethlehem? Sie wohnten doch in Nazareth, und das ist weit weg.

Lukas: Mir kommt da ein Gedanke. Damals muß eine Volkszählung gewesen sein. Wir lassen Maria und Josef nach Bethlehem zur Volkszählung gehen, denn meiner Meinung nach waren die Vorfahren von Josef in Bethlehem zu Hause. So kann dann Jesus in Bethlehem zu Welt kommen, und jeder, der die alten Schriften kennt, weiß: Das muß der Messias sein.

Tullius: Jetzt haben wir schon eine ganze Menge zusammen für die Geschichte von der Geburt Jesu.

Markus: Na, das Schwerste kommt wohl noch. Es muß ja etwas Besonderes bei seiner Geburt gewesen sein. Sonst glaubt keiner, daß dieser Jesus der Messias war.

Irene: Du müßtest klarmachen, Lukas, daß mit Jesus *Licht* in die Welt gekommen ist...

Sara: ... und *Freude*...

Julia: ... und zwar für *alle* Menschen!

Ruth: Ja, so wie wir Christen das von Jesus glauben.

Lukas: *(schreibt auf)* Ich habe notiert: Licht, Freude für *alle* Menschen. Und ich habe auch schon eine Idee für die Geschichte. Laßt mich jetzt lieber allein. Dann kann ich in Ruhe schreiben. Wenn ich nächste Woche mit der Erzählung fertig bin, bringe ich sie mit und lese sie euch vor.

Tullius: Gut, Lukas. Ich bin gespannt, wie du das ausdrücken wirst.

(Die Gäste verabschieden sich und gehen.)

(Eine Woche später bei Markus und Sara. Die Christen kommen, Lukas mit einer beschriebenen Papierrolle. Alle begrüßen sich.)

Markus: Du siehst zufrieden aus, Lukas. Du hast sicher die Geschichte fertigbekommen.

Lukas: Du hast recht, Markus. Hoffentlich, seid ihr zufrieden damit.

Mehrere: Lies vor, Lukas.

Lukas: *(liest)* Es geschah aber in jenen Tagen, daß ein Befehl ausging vom Kaiser Augustus: »Alle Menschen im Weltreich sollen sich eintragen lassen in Steuerlisten.« Dies war das erste Mal,

daß so etwas geschah, und es war die Zeit, als Quirinius Statthalter von Syrien war.
Und alle machten sich auf, um sich eintragen zu lassen, jeder in die Stadt seiner Vorfahren.
Da ging auch Josef aus Galiläa, aus der Stadt Nazareth, nach Judäa in die Berge hinauf zur Stadt Davids, nach Bethlehem, denn König David gehörte zu seinen Vorfahren. Er wollte sich dort eintragen lassen mit Maria, der ihm anverlobten Frau, die ein Kind bekommen sollte.
Und als sie in Bethlehem waren, kam die Zeit der Geburt. Und Maria bekam ihren ersten Sohn. Und sie wickelte ihn in Windeln und legte ihn in eine Futterkrippe in der Viehhöhle, denn sie hatten sonst keinen Platz in der Unterkunft gefunden.

Ruth: Halt mal eben Lukas. Warum mußte Jesus denn so arm zur Welt kommen?

Sara: Ist doch klar, Ruth. Alle Kinder in Bethlehem sind sicher so armselig zur Welt gekommen. Lukas will damit sagen, daß Jesus ein Mensch war wie alle anderen Menschen.

Lukas: *(liest weiter)* Hirten waren in der Gegend von Bethlehem, die übernachteten bei den Schafhürden im Feld, die bewachten ihre Herden. Und da: Ein Bote Gottes trat zu ihnen. Es wurde hell um sie. Sie waren umglänzt vom Lichtglanz Gottes. Und sie erschraken sehr. Der Bote aber sprach: »Fürchtet euch nicht! Hört! Seht! Ich sage euch frohe Botschaft, Freude für alle Welt: Euch ist heute der Retter geboren, Christus, der Heiland, der Messias! Gott hat ihn zum König gemacht in Davids Königsstadt! Und dies ist das Zeichen: Ihr findet ein Kind in Windeln gewickelt, in einer Krippe!«
Und da waren bei dem Boten die Mengen der Scharen des Himmels. Die lobten Gott – und sprachen:
»Lichtglanz ist bei Gott in den Höhen,
und bei den Menschen ist Friede und Freude!«
Da sprachen die Hirten:
»Wir müssen es sehen! Auf nach Bethlehem!«
Und sie liefen und kamen und fanden das Kind,
und Maria, die Mutter, und Josef.
Und sie erzählten alles weiter, was ihnen gesagt worden war von diesem Kind.
Und alle, die es hörten, gerieten in Erstaunen: Freude, Glück und Lobpreis.
Und die Botschaft ging aus übers ganze Land. Sie kam in die ganze Welt.

Titus: Ich finde es gut, daß du die Hirten die ersten sein läßt, die von der Geburt Jesu erfahren.

Tullius: Ja, das macht deutlich, daß Jesus für die Ausgestoßenen und Verachteten gekommen ist; für solche Leute, wie es die Hirten sind.

Irene: Daß mit Jesus Licht und Freude in die Welt gekommen ist, machst du mit dem Licht der Engel ganz gut klar.

Markus: ... und mit dem, was die Engel sagen.

Lydia: Also Lukas, von mir aus kannst du die Geschichte so lassen. Sie stimmt mit dem späteren Leben von Jesus überein. Und du hast das so schön bildlich ausgedrückt mit dem Licht und der Freude!

Julia: Theophilos und die anderen werden die Geschichte sicher verstehen. Die übrigen Geschichten von Jesus stehen ja auch dabei. Lukas hat sie alle zusammengestellt, ein bißchen umgeändert und in eine gute Reihenfolge gebracht. Er war sehr fleißig in der letzten Woche!

Lukas: Dann kann ich den Brief wohl fertigmachen und an Theophilos abschicken.

Erzähler: *(tritt zu der Gruppe am Tisch)*
So ähnlich könnte es zugegangen sein, als Lukas die Weihnachtsgeschichte damals aufschrieb. Vielleicht hat ihm jemand dabei geholfen – wie seine Freunde in unserem Spiel. Vielleicht hat er sich die Geschichte auch allein ausgedacht.
Ihr sagt: Wenn er sie sich ausgedacht hat, dann stimmt ja alles nicht! Dann ist sie ja nicht wahr!
Ich frage euch: Stimmt es nicht, daß Jesus ein einfacher Mensch war wie wir alle? – Stimmt es nicht, daß Jesus der Heiland der Welt ist? – Stimmt es nicht, daß mit Jesus Licht und Freude in die Welt kam? – Na also, dann ist die Geschichte ja doch wahr!
Ich wünsche uns allen, daß wir immer an *diese* Wahrheit denken, die Lukas gemeint hat, wenn wir seine Geschichte hören oder lesen!

Marlies Bachmann

Der große Fischzug

Beispiel für die Erzählung mit einer Puppe

Kartoffelstampferpuppe oder andere Stabpuppe

Ich bin Simon. Eigentlich wohne ich am See Genezareth. Aber nun bin ich schon seit ein paar Tagen mit Jesus unterwegs. Eigentlich bin ich Fischer von Beruf. Aber seitdem Jesus uns am See besucht hat, habe ich meinen Fischerberuf aufgegeben. – Ich will euch alles der Reihe nach erzählen.
Der See Genezareth ist groß und hat viele Fische. Doch es ist nicht leicht, sie zu fangen. Nachts, wenn andere schlafen, muß man mit den Booten hinausrudern. Dann kann man die meisten Fische fangen. Die kleinen Netze wirft ein Mann allein aus. Die großen Netze sind so schwer, daß mehrere Männer mithelfen müssen, bis sie richtig im Wasser liegen.
Manchmal kommt ein Sturm auf. Dann wird es gefährlich für uns. Wir müssen ans Ufer zurückrudern und haben nichts gefangen. Das ist schlimm, denn dann können wir keine Fische verkaufen und unsere Familien müssen sparsam leben. Wenn wir einen guten Fang gemacht haben, müssen die Fische sortiert und verkauft werden. Erst dann können wir ein wenig schlafen. Am Mittag sind wir aber schon wieder auf den Beinen, um die Netze für den nächsten Abend zu reinigen, zu flicken und zurechtzulegen.
Fischer zu sein, ist ein schwerer Beruf, trotzdem liebe ich ihn. Ich freue mich, wenn nachts die Wellen gegen das Boot schlagen, wenn die Fische am Netz zerren oder wenn ich mit anderen Fischern nach dem Fang in der Morgenkühle am Strand sitze und Fische über dem Feuer brate.
Mein Vater Jona ist schon viele Jahre Fischer. Mein Bruder Andreas und ich arbeiten für ihn. Alleine könnte er das ja nicht schaffen. Es ist schon gut, daß er uns zwei kräftige Söhne hat. Außer uns arbeiten noch ein paar andere junge Männer in seinem Fischereibetrieb. Und wenn einmal ein ganzer Schwarm von Fischen ins Netz geht, so daß wir noch mehr Hände brauchen, die mithelfen, den Fang ins Boot zu ziehen, dann hilft Vaters Freund Zebedäus aus. Er hat zwei Söhne in unserem Alter, Jakobus und Johannes. Sie sind Fischer wie wir. Sie haben ihre Fangplätze etwas weiter am Seeufer entlang. So helfen wir uns gegenseitig.
Letzte Woche ist nun etwas vorgefallen, das unser Leben völlig verändert hat. Andreas und ich sitzen ziemlich mißmutig am Ufer. Denn in der Nacht hatten wir wieder mal nichts gefangen.
Nun müssen wir die Netze von den Pflanzen säubern, die sich darin verfangen haben. Dann müssen wir sie waschen, zum Trocknen aufhängen und hinterher wieder geordnet zurechtlegen für den Abend. Und das alles für nichts!

Da sehen wir Jesus mit ein paar Leuten am Ufer entlangkommen. Wir kennen Jesus. Er ist mit Jakobus und Johannes befreundet. Jesus wohnte in Nazareth, er war bei seinem Vater Zimmermann gewesen. Aber seit einiger Zeit zieht er durch die Dörfer und predigt von Gottes Reich, das jetzt beginnen soll.

Wir glauben ja auch an den Gott unserer Väter. Aber so anschaulich und eindringlich wie Jesus von ihm erzählt, so habe ich noch niemand erzählen hören. Manche Leute sagen, er hat Kraft von Gott und kann sogar Kranke heilen. Jesus also kommt auf uns zu und fragt, ob wir ihm unser Boot leihen können. Wir sollen ihn ein Stück vom Ufer wegrudern.

Na ja, begeistert sind wir ja nicht gerade. Wir müssen ja noch unsere Netze fertigmachen. Und wir sind müde und schlecht gelaunt. Aber dann tun wir ihm den Gefallen. Vielleicht springt sogar für uns etwas dabei heraus?

Er steigt also zu uns ins Boot. Und wir rudern ein Stückchen vom Ufer weg. Und dann beginnt Jesus, den Leuten von Gott zu erzählen. Die Leute sitzen am Ufer und hören ihm ganz still zu.

Plötzlich sagt er zu Andreas und mir: Fahrt jetzt ganz weit auf den See hinaus und laßt eure Netze ins Wasser.

Ich sag zu Jesus: Wir haben die ganze Nacht gefischt und nichts gefangen. Wir haben hart gearbeitet – ohne Erfolg! Jetzt, am hellen Tag, sollen wir die Netze auswerfen? – Aber wenn du es sagst, wollen wir es tun.

Andreas rudert uns weit auf den See hinaus, während ich die Netze fertigmache und langsam ins Wasser gleiten lasse.

Plötzlich zieht und zerrt es an den Netzen. Da scheint uns doch tatsächlich ein Schwarm Fische ins Netz gegangen zu sein! Ich kenn das Gefühl, wenn das Boot anfängt zu schaukeln und an einer Seite sich zum Wasser neigt.

Andreas und ich wollen die Netze schnell einholen – aber sie sind einfach zu schwer. Wir schaffen es nicht allein. Wir müssen uns Hilfe besorgen.

In der Ferne sehen wir Jakobus und Johannes. Wir winken zu ihnen hinüber, sie sollen mit ihrem Boot zu uns rudern und uns helfen.

Jakobus und Johannes beeilen sich – und bald ziehen wir zu viert. Wir holen die Netze ein und kippen den Fang aus, ins Boot hinein. Und beide Boote werden voll! So viel haben wir gefangen! Es ist – wunderbar! Und wir werden auf einmal sehr froh.

So schnell wir können, rudern wir zum Ufer zurück. Ob wohl die Kraft Gottes uns geholfen hat?

Wir bringen die Fische zu unserem Vater. Auch er ist sehr beeindruckt.

Jakobus und Johannes meinen: Wir wollen mehr von diesem Gott wissen.

Da sagt Jesus: Kommt mit mir, alle vier. Ihr sollt von jetzt an Menschenfischer sein.

Wir wissen, was Jesus damit meint. Wir lassen alles stehen und liegen und – sind mit ihm gegangen.

Nun gehen wir also durch die Dörfer. Wir sind Fischer, aber weit weg vom See Genezareth. Menschenfischer.

Marlies Bachmann

Aber was war vorher?

Ein Anspiel zur Entstehung der Schöpfungsgeschichte

SPIELER: Die Schriftgelehrten Ben-Mosche und Ben-Hosea
Mit Stabpuppen

(Schriftgelehrter Ben-Mosche am Tisch, vor sich eine große Schriftrolle, schreibend; auf dem Tisch weitere kleinere Schriftrollen, Tinte usw.)

Ben-Mosche: *(liest das zuletzt Geschriebene für sich selbst)*
»Und der Herr sprach zu Abraham: Geh aus deinem Vaterland und von deiner Verwandtschaft und aus deines Vaters Haus in ein Land, das ich dir zeigen werde. Und ich will dich zu einem großen Volk machen und will dich segnen und dir einen großen Namen machen, und du sollst ein Segen sein.«
(Lehnt sich zurück) Gut – sehr gut ausgedrückt! So kann ich's lassen. Ein großartiger Anfang unseres Buches!

(Es klopft.)
Herein!

(Ben-Hosea tritt ein.)
Schalom, lieber Ben-Hosea!

Ben-Hosea: Auch dir wünsche ich den Frieden Gottes, verehrter Ben-Mosche! Ich sehe, du sitzt schon wieder fleißig über unserem Buch von den großen Taten Jahwes!

Ben-Mosche: So ist es. Ich habe soeben noch mal den Anfang gelesen, den Ruf unseres Gottes Jahwe an den Erzvater Abraham.

Ben-Hosea: Sehr gut, Ben-Mosche. Das war es ja, was uns noch fehlte. – Dann wären wir ja eigentlich fertig mit unserem Buch, oder?

Ben-Mosche: Oh – es eilt ja nicht...

Ben-Hosea: Und ob es eilt! Du mußt wissen: Eben war ich bei König Salomo – Gott segne ihn! – Er hat sich erkundigt, wie weit wir mit dem Buch sind. Als ich sagte, wir wären demnächst wohl fertig, wurde er etwas – nun ja: unwillig. Er will das Buch von den großen Taten Jahwes beim Erntedankfest dem Volk vorstellen. Und es soll an den folgenden sieben Sabbat-Tagen nach und nach im Tempel vorgelesen werden.

Ben-Mosche: Ha, ob da sieben Tage reichen? Für dieses riesige Werk, an dem wir nun Jahrzehnte arbeiten?

Ben-Hosea: Nun – das ist ja seine Sache. Aber er will es eben fertig haben...

Ben-Mosche: Mein lieber Ben-Hosea – nun haben wir viele, viele Jahre daran gearbeitet – und jetzt soll es plötzlich so rasch gehen? – Wie viele Jahre haben wir allein in unserem Lande Israel gesammelt – all die vielen Geschichten von Abraham und Isaak, von Jakob und Josef – und die vielen, vielen Geschichten von Mose, und wie Gott der Gütige unser Volk aus der Sklaverei in Ägypten befreit hat und mit starker Hand geführt hat, bis es schließlich hier im versprochenen Land angelangt ist unter Josuas Leitung! – Und wie viele Jahre haben wir dann all diese Geschichten zusammengefügt und aufgeschrieben! – Und wie lange haben wir darüber nachgedacht, wie wir die Güte und Gnade unseres Gottes Jahwe in dem allem zum Ausdruck bringen, die große Barmherzigkeit, mit der Er an den Vorvätern einst und an Israel gehandelt hat – und es ja noch tut! – So viele Jahre Arbeit an diesem gewaltigen Buch – und jetzt soll es so rasch gehen …!

Ben-Hosea: Das ist ja alles richtig, lieber Ben-Mosche, aber der König hat …

Ben-Mosche: Ja, ja – ich hab's gehört.

Ben-Hosea: Und unser Werk *ist* ja auch fertig. Du hast es selbst eben gesagt.

Ben-Mosche: Ich weiß nicht, Ben-Hosea, ich weiß nicht … Sicher, ich hab gesagt: Nun ist auch der Anfang mit Abraham endlich geschrieben – das war ja das Letzte, was wir noch daran zu tun hatten. Aber – ist es das Letzte? *Hat* es so angefangen, das Handeln Gottes an Israel, an den Menschen?

Ben-Hosea: Ich … ich versteh dich nicht. Wir waren uns doch einig: Mit Abraham fängt alles an. Vorher …

Ben-Mosche: Ja, eben: vorher! Was, lieber Ben-Hosea, *was war vorher?* Das frage ich mich – und das werden auch die Leute fragen, wenn sie das hören oder lesen: Was war – *vor* Abraham?

Ben-Hosea: Jahwe, der ewige Gott – der war vor Abraham …

Ben-Mosche: Natürlich. Selbstverständlich. Aber: waren da nicht auch Menschen vorher auf der Erde?

Ben-Hosea: Ich denke doch … ja, die waren da! Erzählt man sich nicht – ich weiß jetzt nicht mehr *(er kramt in den Buchrollen),* wo wir es aufgeschrieben haben – erzählt man sich nicht vom Bau eines Turmes durch die Völker, und daß sie sich plötzlich nicht mehr verstanden und darum auseinandergingen in alle Himmelsrichtungen …?

Ben-Mosche: Ja – es gibt da eine Geschichte. – Und davor? Was war davor?

Ben-Hosea: Irgendwo hier unter unseren Aufzeichnungen *(kramt wieder)* – also da gab es so eine Erzählung von einer großen Flut, der nur eine Familie entkommen ist...

Ben-Mosche: Auch gut, ja. – Und was war davor?

Ben-Hosea: Verehrter Ben-Mosche – wir wissen es nicht. Niemand weiß, wie es einmal mit den Menschen begonnen hat.

Ben-Mosche: Gewiß – niemand *weiß* es. Aber glaubst du nicht auch, daß Jahwe, unser Gott, die Erde und den Menschen geschaffen hat...?

Ben-Hosea: Hmm, schon... ja sicher... Ich glaube, daß Er... wer sonst als Er? Aber wir *wissen* doch nichts darüber, wie es war, als Er... geschaffen hat! Da in Babylon und in Ägypten und hier bei den Kanaanäern im Lande erzählen sie sich allerlei Geschichten von ihren Göttern, wie sie die Erde und die Menschen gemacht haben. Natürlich alles Unsinn! Alles heidnische Erfindungen! Und unsere Volksgenossen plappern es nach!

Ben-Mosche: Sehr richtig, Ben-Hosea! Um so wichtiger wäre es, daß wir bezeugen und sagen: Unser Gott, der Eine, Wahre, Ewige, der Gott Israels ist der Schöpfer der Erde und des Menschen! Er allein! *Davon* müssen wir erzählen! Wie Jahwe den Menschen geschaffen hat... wie der Mensch zum Sünder wurde... wie Mord und Totschlag in die Welt kamen – und wie Gott darauf geantwortet hat und...

Ben-Hosea: Aber, lieber Freund – deinen Eifer in Ehren. Und ich sehe ja ein, daß das alles sehr wichtig sein mag. Aber wie lange willst du daran arbeiten? Der König Salomo will...

Ben-Mosche: Der König wird sich gedulden müssen. Von Gottes großen Taten, von seiner Güte und Gnade, von seiner Schöpfung zu erzählen ist wichtiger als der Wille des Königs. Sag ihm, daß er erst nächstes Jahr das große Buch bekommen kann, wenn der Anfang, der eigentliche Anfang fertig ist. – Und nun laß uns gleich beginnen. – Hier ist Pergament und Tinte – schreib!
(nachdenkliche Pause)
Ob wir so beginnen können?
»Es war zu der Zeit, als Gott der Herr Erde und Himmel machte«

Ben-Hosea: Ja – das ist der Anfang. So könnte es beginnen: ... als Gott der Herr Erde und Himmel machte.

Jürgen Koerver

Wie die Geschichte von Jona »erfunden« wurde

Ein Anspiel zur Entstehung der Jona-Geschichte

SPIELER: Erzähler / Ben-Midrasch / Hiskia

Mit Stabpuppen

Vorbemerkung: Die Jona-Geschichte ist eine »Lehrerzählung«, von einem unbekannten Verfasser im 5. Jahrhundert v. Chr. gedichtet, um bestimmten theologischen Ansichten im Volk Israel zu widersprechen bzw. sie richtigzustellen. Das hier wiedergegebene Vorspiel soll zeigen, wie es zur »Erfindung« der Jona-Geschichte kam. – Siehe dazu auch das nachfolgende »Nachspiel«.

Erzähler: Wir versetzen uns in das Jahr 450 vor Christus. Wir sind in Jerusalem. Es ist Abend. In seinem Haus sitzt der Tempelprediger Ben-Midrasch und liest in der Heiligen Schrift.

Ben-Midrasch: So spricht der Herr: Ich bin gnädig und barmherzig, geduldig und von großer Güte. Ich habe alle lieb, die zu mir umkehren, ich habe Erbarmen mit allen, die ihre Schuld erkennen und bekennen …
(es klopft) Ja – herein!

Hiskia: *(tritt ein)* Schalom, lieber Ben-Midrasch! Der Herr segne deine Tage!

Ben-Midr.: Oh, Hiskia, unser Psalmendichter! Schalom! Was bringst du Gutes, lieber Hiskia! – Setz dich!

Hiskia: Ich habe einen neuen Psalm geschrieben und komme, ihn dir vorzulesen. Ich dachte, am kommenden Sabbat könnten wir ihn im Tempel sprechen – zur Ehre unseres Gottes.

Ben-Midr.: Sehr schön, lieber Hiskia – ich bin gespannt zu hören, was du Gutes gedichtet hast. Komm, lies vor!

Hiskia: Also – es ist ein Gebet … Ich lese mal vor:

O Gott, du Herr aller Herren,
du Gott Israels – erhöre uns!
Erhöre uns, wenn wir dich bitten:
Vernichte, o Herr, vernichte die Feinde!
Siehe – die Heiden, die gottlosen Menschen –
vernichte, o Herr, vernichte sie!
Nicht dich, einziger Gott, beten sie an, darum:
vernichte, o Herr, vernichte sie!

Vor Götzen fallen sie nieder,
beten an den Mond und die Sterne,
Sonne und Baum – darum:
Vernichte, o Herr, vernichte sie!
Nicht deinem Wort gehorchen sie, wie wir,
deine Auserwählten,
sondern sie leben ohne Gesetze,
tun täglich das Böse, das dir nicht gefällt – darum:
vernichte, o Herr, vernichte sie!
Sie stehlen, töten, lügen und spotten,
verdrehen das Recht – darum:
vernichte, o Herr, vernichte sie!

Aber dein Volk, dein heiliges Volk,
die Israeliten, die dir gehorchen,
die zu dir beten und recht vor dir wandeln,
die erhalte, o Herr, erhalte!

Ben-Midr.: Hmm.

Hiskia: Gefällt dir mein Psalm nicht?

Ben-Midr.: Nun ja, lieber Hiskia … Um offen zu sein: Nein, er gefällt mir nicht. – Ich mag so nicht beten.

Hiskia: Aber, Ben-Midrasch – ich verstehe dich nicht recht! Sollten wir Gott etwa nicht von Herzen bitten, daß er diese ungläubigen, boshaften, lieblosen, ungerechten Heiden endlich bestraft, ja mit Stumpf und Stiel ausrottet? Haben sie es nicht verdient?

Ben-Midr.: Ich weiß nicht, Hiskia – ich weiß nicht, ob das wirklich Gottes Wille ist … Vernichten … ausrotten … Sollte er diese – diese Menschen nicht genau so lieb haben wie uns?

Hiskia: Die Heiden, die Götzenanbeter liebhaben? Diese Bösewichter, diese Terroristen und Kidnapper, diese Diebe und Totschläger, diese Erpresser … liebhaben??? Ben-Midrasch, das ist doch nicht dein Ernst?

Ben-Midr.: Vielleicht ist es Gott ernst damit? – Ich meine in seinem Wort zu lesen, daß er alle seine Geschöpfe liebhat, ihre Rettung will, sich ihrer erbarmt …

Hiskia: Auch die, die nicht nach ihm fragen und nicht nach seinem Wort leben? Das glaubst du doch nicht?

Ben-Midr.: Doch – das glaube ich! Er ist nicht nur *unser* Gott, Israels Gott – sondern er ist der Gott *aller* Menschen – sie wissen es nur nicht! Wir müssen es ihnen sagen! – Wir können Gott nicht für uns behalten – wir müssen von ihm auch zu den

	Heiden reden, wir müssen sein Wort und sein Gebot auch zu ihnen bringen, damit sie sich bekehren zu ihm, dem Herrn!
Hiskia:	Ha, Ben-Midrasch, also, da kann ich dir nicht folgen, nein, in keiner Weise! *Wir* sind Gottes Volk, *wir* allein – alle Heiden aber sind dem Untergang geweiht! – Aber bitte, wenn du meinst! Sag deine Meinung mal den Leuten, predige das mal am Sabbat im Tempel! Versuch's nur – und niemand wird dir zuhören! Niemand! Sie alle denken wie ich: Vernichte, o Herr, die Heiden!
Ben-Midr.:	Ja – ich werde am Sabbat predigen – ich werde es sagen: Gott hat nicht nur Israel – nein: alle Menschen hat er lieb!
Hiskia:	Da bin ich gespannt!
Ben-Midr.:	Ja – ich werde es spannend machen! Eine spannende Geschichte werde ich am Sabbat erzählen!

Jürgen Koerver

Jona – und seine Folgen

Ein Nachspiel zu der Jona-Geschichte

SPIELER: Erzähler / Ben-Midrasch / Hiskia
Mit Stabpuppen

Vorbemerkung: Siehe dazu das vorangegangene Spiel

Erzähler: Noch einmal – wie zu Beginn – versetzen wir uns in das Jahr 450 vor Christus. Wiederum sind wir in Jerusalem. Es ist Abend an einem Sabbat. In seinem Haus sitzt wiederum der Tempelprediger Ben-Midrasch und liest in der Heiligen Schrift.

Ben-Midrasch: So spricht der Herr: Ich bin gnädig und barmherzig, geduldig und von großer Güte. Ich habe alle lieb, die…
(es klopft) Ja – herein!

Hiskia: *(tritt ein)* Schalom, Ben-Midrasch! Der Herr segne deine Tage!

Ben-Midr.: Oh, Hiskia, unser Psalmendichter! Schalom! Was führt dich zu mir? Komm, setz dich – was kann ich für dich tun?

Hiskia: Ich war … heute im Tempel … im ersten Gottesdienst…

Ben-Midr.: Ah ja.

Hiskia: Ich habe deine Predigt gehört – oder vielmehr: die Geschichte vom Propheten Jona…

Ben-Midr.: *(lachend)* Ja, ja, mein Jona…

Hiskia: Die ganze Stadt spricht von Jona, vom Fisch, von Ninive und dem Rizinusbaum…

Ben-Midr.: So, so, die ganze Stadt! Sieh an! Offenbar hat die Geschichte gefallen?

Hiskia: Gefallen? Mein lieber Ben-Midrasch: Ich wundere mich, daß noch alle Fensterscheiben deines Hauses unzerstört sind – und daß sie deinen Brunnen noch nicht voll Schafsmist gestopft haben…

Ben-Midr.: Oh – wirklich…?

Hiskia: Die Frommen unserer Stadt dampfen vor Zorn! Geh an ihren Häusern entlang und du wirst sie hören, wie sie wütende Gespräche führen und Gottes Fluch auf dich herabwünschen.

Ben-Midr.: Du machst mich traurig, Hiskia! Ich hatte gedacht…

Hiskia: Und ich hab dir gleich gesagt: Sie alle *haben* nur das eine gedacht und sie *denken* es weiterhin, trotz deiner Geschichte: Vernichte, o Herr, vernichte die Heiden!

Ben-Midr.: Alle? Denken wirklich *alle* so?

Hiskia: Nun ja, zugegeben: nicht alle. – Es gibt auch welche, die – die sind ganz still und nachdenklich...

Ben-Midr.: Das – das ist schön, das freut mich...

Hiskia: Als ich deine Geschichte gehört hatte, bin ich nach Hause gegangen. Ich habe – obwohl es Sabbat war – einen großen Korb Holz gehackt...

Ben-Midr.: Aber Hiskia – am Sabbat Holz hacken!

Hiskia: Sollte ich meine Tontöpfe zerschlagen oder meine Kinder prügeln? Irgendwie *mußte* ich meinem Zorn doch Luft machen! Da hab ich eben Holz gehackt.

Ben-Midr.: *(lachend)* Und dann hast du einen Korb voll Schafsmist gepackt und mir eben in den Brunnen geschüttet...!

Hiskia: Unsinn! – Nach dem Holzhacken hab ich mich an meinen Schreibtisch gesetzt und...

Ben-Midr.: Einen neuen Psalm geschrieben... »Vernichte, o Herr, vernichte...«

Hiskia: *(erstaunt und fast entrüstet)* Woher weißt du, daß er so anfängt, der Psalm?

Ben-Midr.: Fängt er wirklich so an?

Hiskia: Ja.

Ben-Midr.: Dann ... dann möchte ich ihn lieber nicht hören... Du weißt ja...

Hiskia: Bitte – hör ihn dir doch an, Ben-Midrasch!

Ben-Midr.: *(zögernd)* Also schön – lies vor!

Hiskia: Vernichte, o Herr, vernichte in mir den Gedanken,
als sei ich ein besserer Mensch,
als sei ich besser als Heiden
und all jene Menschen,
die mit uns leben
auf dieser Erde,
die du geschaffen.

Vernichte, o Herr, vernichte den Hochmut deiner Erwählten,
des Volkes, des einziger Gott und Herr du bist,
vernichte, o Herr, vernichte den Hochmut
als gelte nur uns deine Gnade und Güte,

als wären nur wir es wert,
von deiner Geduld
getragen zu werden.

Vernichte, o Herr, vernichte die Meinung,
dein gutes, göttliches Wort gehöre nur uns –
für andre wär' es wie Perlen vor Säue!
Vernichte, o Herr, vernichte die Meinung in uns,
dein Wort könne Heiden nicht bessern,
daß sie zu dir, o Herr, sich bekehren!

Herr, sende Boten und sende Propheten,
sende die Priester und Prediger aus,
daß auch die fernsten Inseln und Länder
von dir erfahren,
daß du es bist, der alle Menschen geschaffen
und sie dir alle verantwortlich sind.
Laß deine Gnade sie hören,
laß sie erfahren:
Du hast sie lieb!

Ben-Midr.: ... Amen, Hiskia, Amen!
Du bist großartig, Hiskia, gelobt sei der Herr, der dir das zu schreiben geschenkt hat!

Hiskia: Schon gut! – Du, lieber Ben-Midrasch, setz dich hin und schreib die Jona-Geschichte auf! Sie ist es wert, daß viele sie lesen!

Jürgen Koerver

Der verlorene Sohn

Kombiniertes Rollen- und Puppenspiel – mit Liedern (Lukas 15,11–32)

PERSONEN: Jesus / zwei Pharisäer / zwei Jünger / evtl. Festgäste
PUPPEN: Vater / zwei Söhne / evtl. falsche Freunde
(Große Flachpuppen oder große Stabpuppen)

1. SZENE:
Jesus und zwei Pharisäer. Jesus erzählt von einem Sohn, der von zu Hause weggeht. Dazu mehrmals den Refrain von »Singt und tanzt und jubelt laut vor Freuden«.

(Zwei Pharisäer kommen seitlich herein. – Wer eine Festszene darstellen möchte, kann zum Refrain des Liedes einen Reigentanz machen.)

Pharisäer 1: Das geht wieder mal laut zu beim Zöllner Levi. Da wird gesungen, getanzt, gefeiert. Schlimm, wie der die Leute ausbeutet. Und dann verpraßt er das ergaunerte Geld mit Leuten, die mindestens genauso schlimm sind wie er. Zöllner und Sünder, natürlich.

Pharisäer 2: Komm mit. Wir gehen hinten rum. Ich zeig dir etwas, das dich bestimmt vom Hocker reißt. Das wird das Stadtgespräch der nächsten Wochen...

Pharisäer 1: Du machst mich aber mächtig gespannt.

(Die beiden gehen seitlich um die Festgesellschaft herum.)

Pharisäer 2: Jetzt sind wir da. Zum Glück hat der Levi nicht nur Mauern um sein Haus herum gebaut, sondern auch Gitter. Von hier aus sieht man alles im Vorhof des Zöllners Levi.

Pharisäer 1: *(sieht genauer hin)* Warte mal, das ist doch...

Pharisäer 2: *(lächelt wissend)* Richtig, das ist er.

Pharisäer 1: Das ist doch der Mann, mit dem wir heute in der Synagoge diskutiert und gestritten haben.

Pharisäer 2: Richtig, da ist dieser Jesus von Nazareth. Weißt du, ich war mir heute morgen echt unsicher. Der Mann kennt sich in der Bibel aus. Es ist gut, was der Mann sagt. Aber jetzt ist es eindeutig: *Der* kann uns nichts darüber sagen, wie Gott ist. – Jetzt komm, wir haben genug gesehen.

(Sie gehen wieder nach vorne zu ihrem Ausgangspunkt.)

Pharisäer 1: Wer hätte das gedacht! Redet so toll von der Liebe Gottes – und verkehrt heimlich mit diesem Gesindel.

Jünger 1: *(sitzen am »Eingang« des Hauses, haben letzte Worte gehört)* Entschuldigen Sie, eigentlich geht uns Ihre Unterredung nichts an... Nur, ich habe gehört, daß sie sich über unseren Meister unterhalten.

Pharisäer 1: *(etwas verlegen)* Nun ja,...

Pharisäer 2: *(etwas sicherer)* Wir haben heute morgen mit ihm in der Synagoge diskutiert. Da wollten wir ihn nochmals aufsuchen, um mit ihm zu sprechen. Leider haben wir ihn in der ganzen Stadt...

Jünger 2: Ach so, wenn das alles ist. Wißt ihr, wir haben uns einladen lassen von diesem... von dem Herrn Levi.

Jünger 1: Wenn ihr wollt, könnt ihr reinkommen. Oder – ich kann ihn bitten herauszukommen. Wartet mal, ich hole ihn. *(geht)*

Pharisäer 1: So, hier seid ihr eingeladen. Ist es schön da drin?

Jünger 2: Phantastisch! Essen, trinken, ein tolles Haus!

Pharisäer 2: Und, wie paßt das zusammen mit eurer sonstigen Lebensauffassung? Sonst habt ihr doch keinen Pfennig in der Tasche!

Jünger 2: *(verlegen)* Ach, so eng sieht unser Meister das nicht.

(Jünger 1 kehrt mit Jesus zurück.)

Jünger 1: Hier, Jesus, da sind die zwei Herren, die wir gerade getroffen haben.

Jesus: Guten Tag. Ach, seid ihr die Pharisäer von heute morgen?

Pharisäer 1: *(erregt)* Ja, Pharisäer sind wir, und wir nehmen unseren Glauben ernst! Wir glauben an Gott, und Gott hat uns gesagt, was wir tun sollen.

Pharisäer 2: *(unterstützt ihn und zitiert Psalm 1, pathetisch)*
»Wohl dem, der nicht wandelt im Rat der Gottlosen, noch sitzt da die Spötter sitzen. Wohl dem, der Lust hat zum Gesetz des Herrn.« Psalm 1 zeigt uns deutlich, daß es nur zwei Wege gibt: den der Gottesfürchtigen und den der Gottlosen.

Pharisäer 1: Richtig. Und deshalb verstehen wir nicht, Jesus, warum du bei diesem Gesindel sitzen und feiern kannst. In der Synagoge sprichst du von der Liebe Gottes – und jetzt bist du in *so* einer Gesellschaft.
Weißt du überhaupt, was für Betrüger das sind?

Jesus: Ja, ich weiß gut, was für Leute das sind.
Dazu würde ich euch gerne eine Geschichte erzählen. Ihr könnt euch dazu hinsetzen, vielleicht dauert sie ein bißchen länger. *(setzen sich)*

Jesus: Ein Mann hatte zwei Söhne. Sie lebten zufrieden auf einem großen Hof. Sie hatten Äcker und Wiesen und viele Tiere: Schafe, Kühe, Ziegen, Hühner – nein, Schweine hatten sie nicht. Als Juden dürfen wir ja kein Schweinefleisch essen, und deshalb will auch diese Familie möglichst wenig mit Schweinen zu tun haben. Knechte und Mägde hatten sie auch. Alle mußten sie tüchtig arbeiten. Morgens kamen die drei immer zusammen und besprachen, was es für den Tag zu tun gab. *(drei Figuren treten auf)*
Dann teilte der Vater die Arbeit ein, und jeder ging an sein Tagewerk, der ältere Sohn, der jüngere Sohn und der Vater. *(nacheinander weg)*
Eines Morgens ist es anders *(drei Figuren wieder da)*. Die Knechte und Mägde waren schon gegangen, der ältere Sohn geht an die Arbeit, doch der jüngere Bruder steht noch herum. »Ich will nicht mehr daheim bleiben«, erklärt er. »Ich will nicht warten, bis irgendwann der Hof meinem Bruder und mir gehört. Vater, gib mir *jetzt* den Teil des Besitzes, der mir als Erbe zusteht!«
Der Vater erschrickt. Aber er wird nicht zornig. Er wird trau-

rig, weil er merkt, daß sein jüngerer Sohn wirklich fort will. Der Entschluß steht fest. Nach einigen Tagen hat der Vater den Besitz aufgeteilt, und nach nochmals ein paar weiteren Tagen hat der jüngere Sohn alles verkauft und verläßt auf einem prächtigen Maulesel den Hof seines Vaters. *(beide Figuren weg)*

(E = Erwachsene; K = Kinder bzw. Einer / Alle)

1. (E:) Der Sohn verläßt des Vaters Haus. – (K:) Komm zurück!
(E:) Frei will er sein, drum zieht er aus. – (K:) Komm zurück
in des Vaters Haus, er schaut nach dir aus,
will dich kommen sehn und dir entgegengehn.

2. (E:) Er sagt zu ihm: »Bin selber groß!« – (K:) Komm zurück!
»Gib mir mein Geld und laß mich los!« – (K:) Komm zurück
in des Vaters Haus, er schaut nach dir aus,
will dich kommen sehn und dir entgegengehn.

2. SZENE:
Der jüngere Sohn verpraßt das Geld und landet bei den Schweinen.

Jesus: *(Sohn-Figur)* Der Sohn reitet weit mit seinem Maulesel. Möglichst weit weg von daheim, wo er immer der Kleine war. Möglichst schnell dorthin, wo er endlich das Leben genießen kann. Er reitet so weit, daß er bald in einem anderen Land ist. Er versteht die Sprache nicht. Aber die Sprache des Geldes verstehen alle. Weil er Geld hat, hat er viele Freunde *(»Freunde«-Figuren)*. Er lernt das süße Leben kennen. Er genießt es. Und die anderen staunen, daß aus seinem Geldbeutel Goldstück um Goldstück kommt, um alles zu bezahlen: die teuren Kleider, den Schmuck, das Essen und Trinken, zu dem er seine Freunde oft einlädt.
Aber es scheint nur so. Nach einer Weile stellt er fest, daß dieses großzügige Leben große Löcher in seinen Geldbeutel gerissen hat. Er versucht, weniger auszugeben, aber seine Freunde wollen davon nichts wissen.
So kommt es, wie es kommen muß: Irgendwann ist er pleite. Kein einziges Geldstück ist mehr in seinem Beutel, so sehr er ihn auch schüttelt. Es kommt schlimmer: er wird aus seiner Wohnung geworfen, die Freunde wollen plötzlich nichts mehr von ihm wissen.
Zu allem Überfluß kommt jetzt noch eine Hungersnot ins Land. Jeder denkt zuerst einmal an sich. An den Fremden, der einmal so viel Geld gehabt hat, denkt keiner mehr. Der verkauft seine letzten Habseligkeiten und versucht, irgendwo an Arbeit zu kommen. Aber überall heißt es: »Wir müssen zuerst einmal selber durchkommen. Wir haben selber zu wenig Geld und zu wenig zu essen.«
Zuletzt bietet ihm doch einer eine Arbeit an: bei den Schweinen. Der Sohn erschrickt. So weit ist er nun gekommen. Bei den unreinen Schweinen muß er seine Tage verbringen. Das hätte er sich nicht träumen lassen! *(Figur weg)*

3. (E:) Der Traum vom großen Leben log. – (K:) Komm zurück!
Am Ende steht der Schweinetrog. – (K:) Komm zurück
in des Vaters Haus, er schaut nach dir aus,
will dich kommen sehn und dir entgegengehn.

4. (E:) Zerbrochen ist sein ganzes Glück. – (K:) Komm zurück!
Kann er zum Vater so zurück? – (K:) Komm zurück
in des Vaters Haus, er schaut nach dir aus,
will dich kommen sehn und dir entgegengehn.

3. SZENE:
Der Sohn macht sich auf den Weg nach Hause.

Jesus: *(Sohn-Figur)* Da sitzt er nun und muß Schweine hüten. Mitten im Dreck sitzt er. Um ihn herum wühlen die Schweine im Boden.
Und er kommt ins Nachdenken. Seit er von daheim wegging, war das Leben wie im Flug vergangen. Wie ein böser Traum kommt ihm das vor.
Er schämt sich. Er weiß, daß sein Leben so nicht weitergehen kann. Er überlegt sich, was er falsch gemacht hat. Sein ganzes Leben kommt ihm leer vor. Die Freunde, die er hatte, waren keine richtigen. Das weiß er jetzt. Aber jetzt ist es zu spät.
Und auf einmal denkt er noch weiter zurück. Er hört das Quieken und Grunzen der Schweine nur noch ganz von ferne. Erinnerungen an seine Kindheit werden wach. Er sieht das Elternhaus wieder vor sich. Er denkt an den Hof daheim, an die Arbeit und an die vielen Tiere, die versorgt werden müssen. An den Vater und an den Bruder. An die Knechte und Mägde. Und er weiß, daß jeder einzelne es besser hat als er jetzt.
Aber ans Heimgehen denkt er nicht. Noch nicht. Noch geht es ihm nicht so schlecht. Noch hofft er, daß sich die Lage bessert. Ein Schwein reibt sich an seinem Bein, und er wird aus seinen Gedanken gerissen.
So vergehen Tage, Wochen. Jeden Tag wird die Erinnerung an zu Hause stärker. Jeden Tag wird der Hunger stärker. Einmal hat er auch schon vom Schweinefutter essen wollen, aber der Bauer hatte es gesehen und ihn angebrüllt: »Das darfst du nicht! Das ist für meine Schweine, nicht für dich, du dreckiger Lump!«
Jeden Tag fühlt er sich schwächer. Und eines Tages weiß er: Jetzt oder nie. Jetzt umkehren oder hier vollends verkommen. Jetzt sich aufmachen oder nie mehr.
Und da geht er schon. Er läßt die Schweine, wo sie sind. Er geht ganz einfach weg. Nur den Stock nimmt er mit, damit er sich darauf stützen kann. Die ersten Tage vergehen schnell. Der Gedanke an daheim läßt ihn rasch gehen. Doch wie er die Grenze zu seiner Heimat überquert, wird er langsamer. Wie wird man ihn aufnehmen? Er malt sich aus, wie das sein wird. Immer und immer wieder denkt er daran. »Vater, vergib mir.« Nein, so kann er nicht anfangen. »Vater, ich bin nicht mehr dein Sohn.« Das klingt schon besser. »Laß mich als einen deiner Knechte arbeiten. Mehr will ich nicht.« Ja, das will er seinem Vater sagen. *(Figur weg)*

2. Es war nicht das, was er erhofft,
denn Freunde fand er nicht.
So lebte er in Saus und Braus
und gab auch oft ne Runde aus.
Nun will er heimwärts ziehn.

4. SZENE:
Der Vater nimmt den Verlorenen auf. Das Fest beginnt.

Jesus: *(Sohn-Figur)* Die letzte Strecke ist die langsamste. Nicht nur, weil er so müde ist. Nicht nur, weil er so kraftlos ist. Er geht so langsam, weil er Angst hat, seinem Vater gegenüberzutreten.
»Laß mich wenigstens bei dir arbeiten.« Immer und immer wieder sagt er diese Worte vor sich hin. Und dann sieht er hinter einem Hügel das Elternhaus auftauchen. Er läuft noch langsamer, und schließlich wagt er es gar nicht mehr weiterzugehen.
Aber das braucht er auch nicht. Als ob er auf ihn gewartet hätte, stürmt der Vater aus dem Haus und auf ihn zu *(Vater-Figur, schnell)*. Der Vater läuft, rennt zu seinem Sohn. Er nimmt keine Rücksicht auf seine Position als Hausvater, auch nicht auf sein Alter.
Als der Vater bei ihm ist, fällt der Sohn vor ihm auf die Knie *(Sohn-Figur halbhoch)*. Und was er so oft in Gedanken zu sich selbst gesagt hatte, das sagt er nun zum Vater: »Ich bin es nicht wert, dein Sohn zu heißen. Ich habe sehr viel falsch gemacht. Aber laß mich wenigstens bei dir arbeiten. Nimm mich wenigstens als Knecht auf.«

»Nein«, sagt der Vater leise, aber bestimmt. »Nicht als Knecht sollst du bei mir sein. Ich habe jeden Tag auf dich gewartet. Und jetzt bist du wieder da. – Mein Sohn.« Er greift ihm unter die Arme, so daß der Sohn nun vor ihm steht. *(Sohn-Figur hoch)*
Unter den Bäumen, so als ob sie gerade dort schon den ganzen Tag gearbeitet hätten, stehen unauffällig die Knechte und Mägde. »Da schaut her«, ruft der Vater. »Hier ist mein Sohn. Habe ich recht? Ihr hättet ihn nicht erkannt. Aber ich. Er ist mein Sohn. Ja, er war wie tot. Aber jetzt lebt er wieder. Ja, er war wie verloren. Aber jetzt ist er wiedergefunden.
Schnell, macht ihm ein Bad bereit, holt das schönste Kleid! Holt den Siegel-Ring! Holt ihm Schuhe! Jeder soll sehen, daß er immer noch mein Sohn ist. Und schlachtet das Kalb. Bereitet ein Festessen vor! Heute wird nicht mehr gearbeitet. Heute wird nur noch gefeiert.« *(Figuren weg)*

3. Der Vater aber wartet schon,
nimmt den Verlor'nen auf.
Gibt ihm ein Fest; er fragt ganz schnell:
Wo ist der Schuh, das Kleid, der Ring?
Mein Sohn soll festlich sein.

4. Das Fest ist vorbereitet,
alle Gäste sind nun da;
das ist ein Schmaus, es wird gelacht
und auch so manches Spiel gemacht.
Weit hört man Festmusik.

Text und Melodie: Dieter Trautwein.

5. SZENE:
Der ältere Sohn ist bestürzt über die Aufnahme des Verlorenen Sohnes.

Jesus: *(Figur des älteren Sohnes)* Einer hat von dem ganzen Ereignis noch nichts gehört: Der ältere Bruder. Er hat den ganzen Tag über auf dem Feld gearbeitet und kommt erst gegen Abend wieder zurück; die Sonne geht schon unter, als er wieder zum Hof kommt. Schon von weitem dringt Festmusik an sein Ohr, dann sieht er, wie Fackeln den Garten ums Haus erleuchten. »Was ist denn da los? Ein Fest? Hab' ich einen Feiertag vergessen?«
Ein Knecht erblickt ihn und sagt es dem Vater: »Dein Sohn, der ältere, ist gerade vom Feld gekommen.« – »Danke«, sagt der Vater und eilt hinaus. »Stell' dir vor: dein Bruder ist zurückgekehrt. Zwar ohne Geld, aber was soll's: er lebt! Ein verlorener Sohn ist wiedergefunden.«
Es dauert eine Weile, bis der ältere Sohn die Sprache wiedergefunden hat. Dann bricht es aus ihm heraus: »Was? Bruder? Nein, Bruder ist der nicht mehr. Der hat seinen Teil schon gehabt. Der hat das Erbe verpraßt; ich kann mir vorstellen, wie.

Für mich wurde nie ein Fest gefeiert, aber wenn der, heruntergekommen wie er ist, wenn der zurückkehrt, dann wird gefeiert. Das ist nicht richtig.«
»Doch, das ist richtig«, sagt der Vater. »Schau mal: Du warst immer bei mir. Du hast immer alles gehabt. Freu dich mit!«
(Figuren weg)

5. Der ält're Sohn kommt heim vom Feld,
die Arbeit ist getan.
Was hört er da? Ist's Festmusik?
Er staunt und wundert über dies.
Was wohl der Anlaß ist?

6. Da kommt der Vater auf ihn zu
und lädt zum Fest ihn ein.
Dein Bruder wieder lebend ist –
wenn das kein Grund zum Feiern ist!
So komm doch endlich rein!

6. SZENE:
Was Jesu Zuhörer über das Gleichnis denken.

(Jesus und die Pharisäer stehen wieder auf, die Jünger bleiben sitzen.)

Pharisäer 1: Eine ungewöhnliche, ja unglaubliche Geschichte. Sollte es einen solchen Vater geben, der einen solchen Sohn wieder aufnimmt? Und das ohne irgendwelche Bedingungen zu stellen? Wo bleibt denn da die Gerechtigkeit?

Pharisäer 2: Jesus, soll das etwa heißen, wir sollen auch hineingehen zu diesen gottlosen Zöllnern und Sündern? Sollen wir diese Verlorenen so aufnehmen, als wäre nichts geschehen? Und das nur deshalb, weil es da einen Vater gibt, der gegen den gesunden Menschenverstand so verzeiht? Ich weiß nicht, Jesus, ob ich da mitfeiern will!

Dazu »Singt und tanzt«, Refrain

(Wer möchte, kann auch das ganze Lied mit seinen drei Versen singen. Zu finden im Liederbuch »Mosaik 1–4«, Nr. 36, Präsenz-Verlag, Hünfelden. Im Original ist das Lied jedoch in C-Dur.)

Herbert Würth

Hallo, Kaiser Augustus, kannst du mal kommen?

Die Weihnachtsgeschichte als Puppenspiel

SPIELER: Ochse / Esel / Kaiser / Minister / Soldat / Alter Wirt / Junger Hirt / Maria / Josef

Tierhandpuppen, Stab- oder Handpuppen

1. SZENE

Ochse: Guten Abend, Esel!

Esel: Guten Abend, Ochse! Hast du schon gemerkt, daß wir hier Gäste haben?

Ochse: O je, das hätte ich fast vergesen! Guten Abend, Kinder!

Esel: Guten Abend, Kinder – und guten Abend auch den Großen!

Ochse: So höflich bist du aber selten. Wenn ich daran denke, wie du dich damals im Stall von Bethlehem benommen hast.

Esel: Sei still! Das braucht nun nicht jeder zu wissen. Ich habe mich auch entschuldigt.

Ochse: Das weiß ich, aber gebessert hast du dich nicht viel.

Esel: Wenn du jetzt nicht ruhig bist, erzähle ich den Leuten hier, wie du damals den Hirten in den Stallmist gestoßen hast.

Ochse: Nein, bitte nicht! – Komm, wir wollen wieder Freunde sein!

Esel: Okay! Ich weiß jetzt, was wir hier erzählen sollten. Nämlich das, was wir im Stall von Bethlehem erlebt haben.
(Zum Publikum:) Also, dann hört einmal gut zu! – Draußen war es schon dunkle Nacht geworden. Unser Herr hatte uns am Abend noch frisches Stroh gegeben und viel Heu in die Futterkrippe gelegt. Da öffnete sich die Stalltür...

Ochse: Du erzählst das ja ganz falsch. Denn so fing die Geschichte gar nicht an. Du mußt doch zuerst sagen, warum Maria und Josef überhaupt zu uns kamen.
(Zum Publikum:) Also, hört einmal gut zu! Da war ein junges Ehepaar, das wohnte in Nazareth. Eines Tages kam ein Soldat des römischen Kaisers, der stellte sich mitten auf den Marktplatz. Er wollte ein Gesetz des Kaisers verkündigen.

Esel: Das ist auch nicht richtig. Du mußt noch viel früher anfangen. Ich meine, wir können doch den Kaiser Augustus selber fragen. Ich rufe den Kaiser! Hallo, Kaiser Augustus, kannst du mal kommen!

2. SZENE

Kaiser:	Hier bin ich! Guten Abend!
Esel:	Minister!
Minister:	Guten Abend, Majestät! – Guten Abend, Volk!
Ochse:	Ist der vielleicht eingebildet!
Esel:	Soldat!
Soldat:	Zu Befehl!
Ochse:	Wir haben eine Bitte: Spielt uns doch einmal vor, warum Maria und Josef aus Nazareth nach Galiläa gehen mußten.

3. SZENE

Kaiser:	Das weiß ich noch ganz genau! Ich war der mächtige Kaiser in Rom. Viele, viele Völker mußten mir gehorchen und Steuern an mich entrichten. Aber manche Völker wollten das nicht. Darum mußte ich Soldaten zu ihnen schicken. Sie mußten aufpassen, daß meine Gesetze beachtet wurden. In Rom ließ ich prächtige Paläste bauen. Das alles kostete viel Geld. Da kam mein Finanzminister zu mir.
Minister:	Seid gegrüßt, Majestät!
Kaiser:	Was gibt es, Minister?
Minister:	Majestät, ich habe leider schlechte Nachrichten. Wir haben kein Geld mehr, unsere Kassen sind leer. Darum können wir unsere Soldaten, Beamten, Bauarbeiter, Sklaven und viele andere nicht mehr bezahlen.
Kaiser:	Das ist unerhört. Schließlich bin ich der größte Kaiser der Welt und brauche Geld. Und da kommt so ein unfähiger Minister und wagt es, mir zu sagen: Es ist kein Geld mehr da. Das muß sofort geändert werden.
Minister:	Ich bitte um Entschuldigung, Majestät! – Ich möchte einen Vorschlag machen. Wir brauchen ein neues Gesetz, das im ganzen römischen Reich gelten soll. Alle Menschen im Kaiserreich müssen zu ihrem Geburtsort gehen. Dort lassen wir Listen aufstellen. In diese wird eingetragen, was die Leute verdienen, wieviel Häuser und Felder sie besitzen. Dann können wir sofort sagen, wieviel Steuern sie bezahlen müssen.
Kaiser:	Damit bin ich einverstanden. Das soll sofort gemacht werden.
Minister:	Selbstverständlich, sofort, Majestät! *(Kaiser ab)* So rief ich Soldaten und schickte sie nach Nordafrika, nach Spanien, Frankreich, Deutschland, Griechenland und auch in das Land der Juden, das man heute Israel nennt.

(Soldat kommt in Bühnenmitte)

Minister: Soldat!

Soldat: Zu Befehl, Herr Minister!

Minister: Du reist sofort nach Israel. Dort wird den Juden und auch dem König Herodes ein neues Gebot des Kaisers Augustus verkündigt. Du hast ja gehört, wie das Gebot des Kaisers lautet!

Soldat: Ich habe alles verstanden, Herr Minister! Sofort werde ich morgen mit dem Schiff nach Israel abreisen. Dort werde ich zuerst nach Jerusalem zum König Herodes gehen und dann die anderen Städte und Dörfer aufsuchen. *(beide ab)*

4. SZENE

Ochse: So fing damals alles an. Und der Evangelist Lukas hat in seinem Buch die Geschichte nacherzählt.

Esel: Meint ihr nicht, das könnte uns jemand mal vorlesen?

(Kind liest Lukas 2,1–5)

5. SZENE

Ochse: Siehst du, Esel, und darum ging damals an jenem Abend in Bethlehem die Stalltür auf, und wir wurden aus dem Schlaf gerissen. Und du hast dazu laut geschrieen: Iaaaaa, Iaaaaa...

Esel: Na ja, ich war auch so böse und so erschrocken. Aber als ich die junge Frau und den jungen Mann sah, taten sie mir so leid. Sie waren müde. Und die Frau hatte Schmerzen. Sie erwartete ein Kind. Und das ist ja dann auch bei uns im Stall geboren worden. Steht das eigentlich auch in der Geschichte?

Ochse: O ja! Und noch eine ganze Menge mehr. Wie uns dann später die Hirten besucht haben.

Esel: Ach ja, die Hirten! Hab' ich eine Angst gehabt, als die zu uns kamen.

Ochse: Warum?

Esel: Den einen Hirten, den alten, den kannte ich. Das war früher einmal mein Herr. Ich habe ihn sofort an seiner Stimme erkannt. Der hat mich immer so furchtbar geschlagen. Aber...

Ochse: Was aber?

Esel: Aber an dem Abend war er so ganz anders. So friedlich, so kannte ich ihn nicht.

Ochse: Sie waren doch beide sehr nett, besonders zu Maria und Josef und dem Kind und auch zu uns. Ich möchte sie gerne wiedersehen. Du nicht auch? – *(laut rufend!)* Alter Hirt!

6. SZENE

Alter Hirt: Ja, hier bin ich!

Junger Hirt: Nun nimm mich doch auch mit. Ich gehöre doch dazu!

Alter Hirt: Maria und Josef müssen auch dazukommen!

Maria u. Josef: Wir kommen schon!

Ochse: Bevor wir die Geschichte unseren großen und kleinen Gästen vorspielen, wollen wir uns erst noch ein Stück aus dem Buch des Lukas vorlesen lassen.

(Kind liest Lukas 2,6–16)

7. SZENE

Alter Hirt: *(von draußen)* Hallo! – Ist da jemand?

Junger Hirt: *(von draußen)* Hallo! – Warum antwortet niemand?

Josef: Maria, hör mal! Hat da nicht jemand gerufen?

Maria: Ich bin so müde und erschöpft. Kann man nicht mal jetzt in Ruhe schlafen?

Alter Hirt: Hallo! Wir möchten gerne reinkommen!

Josef: Ich geh mal an die Stalltür und sag den Leuten, sie möchten morgen wiederkommen.

Ochse: Josef, das sind Hirten von der Weide neben unserem Stall. Ich erkenne sie an der Stimme.

Esel: Laß sie bloß nicht rein. Der alte Hirte ist immer so böse zu mir. Er schlägt seinen Esel immer.

Josef: Ich will aufpassen, aber ich will sie auch fragen, was sie eigentlich so spät noch bei uns wollen. *(geht zur Tür)* Schreit nicht so laut! Ihr macht unser kleines Kind wach. Und was wollt ihr eigentlich bei uns, so spät in der Nacht?

Alter Hirt: *(kommt an den Spielfeldrand)* Ist heute hier im Stall ein Kind zur Welt gekommen?

Junger Hirt: Wir möchten es gerne sehen!

Josef: Woher wißt ihr denn das? Ich kenne euch gar nicht.

Alter Hirt: Ich will es dir sagen. Aber vielleicht glaubst du uns gar nicht. Wir mußten heute nacht bei unseren Herden bleiben und aufpassen. Wir beide saßen am Feuer und wärmten uns ein wenig. Plötzlich war es um uns ganz hell, hell wie am Tag.

Junger Hirt: Und wir beide hörten eine Stimme:
»Habt keine Angst! Ich bringe gute Nachricht für euch, über die sich alle Menschen freuen werden. Heute wurde in der

Stadt Davids euer Retter geboren – Christus, der Herr! Überzeugt euch selbst: Ihr werdet ein Kind finden, eingewickelt in Windeln; es liegt in einer Futterkrippe. Das ist der versprochene Retter; daran könnt ihr ihn erkennen.«

Alter Hirt: Und dann war es wieder dunkel. Aber in der Luft lag noch ein Gesang: »Alle Ehre gehört Gott im Himmel! Sein Friede gilt allen auf der Erde, die sich von ihm lieben lassen.« Es war wie ein Traum. Und wir wollten wissen, ob es Wirklichkeit ist. Darum sind wir hier.

Junger Hirt: Ich kann es bis jetzt noch nicht glauben, daß Gott so zu uns gesprochen hat. Und immer wieder habe ich den alten Hirten gebeten: Laß uns so schnell gehen, wie wir können. Dürfen wir denn jetzt das Kind einmal sehen, von dem Gott uns so viel gesagt hat?

Maria: Josef, laß sie das Kind ruhig ansehen. Wir können sie nicht wegschicken. Gott hat sie hierhergesandt, auch um uns etwas zu sagen. – Meinst du nicht auch, Esel, daß wir sie reinlassen sollen?

Esel: Aber der alte Hirte soll nicht so nah an mich herankommen. Ich habe doch noch Angst vor ihm.

(Alter und Junger Hirt kommen zur Krippe.)

Junger Hirt: *(schreit laut)* Das ist das Kind. Es stimmt also doch!

Ochse: *(stößt ihn zu Boden)* Du sollst nicht so schreien! Du machst das Kind wach.

Junger Hirt: Entschuldigung! Ich habe mich so gefreut.

Maria: Ochse, du darfst aber nicht so grob sein. Du mußt doch sehen, wie er sich freut. Freu dich einfach mit.

Ochse: *(kleinlaut)* Na ja, soll auch nicht wieder vorkommen.

Maria: *(zu den Hirten)* Ich bin euch dankbar, daß ihr gekommen seid und uns das alles erzählt habt. Darüber muß ich bestimmt noch lange nachdenken.

Alter Hirt: Wir sind so froh, daß ihr uns reingelassen habt. Wir wollen jetzt aber nicht weiter stören und wünschen euch allen eine gute Nacht.

Junger Hirt: Gute Nacht! *(beide ab)*

Maria u. Josef: Gute Nacht! *(beide ab)*

Ochse: So, liebe Gäste, das war die Geschichte, an die wir beide denken mußten heute. Sie ist aber noch gar nicht zu Ende. Sie geht weiter. Wie, das wird euch euer Pastor gleich erzählen.

(Ochse und Esel ab)

Rolf Schmitz

David und Goliath

Spieler:	Israeliten 1–6 / Herold 1 u. 2 / David / Goliath / Isai / Philister 1–4 / König Saul

(Große) Stabpuppen aus Spülmittelflaschen

1. SZENE	*(Morgen dämmert herauf; Israelit 1 und 2 stehen rechts.)*
1. Israelit:	Drüben bei den Philistern ist noch alles ruhig.
2. Israelit:	Der Krieg wird langweilig, wenn diesem Goliath nicht bald das Maul gestopft wird.
3. Israelit:	Bald wird er wiederkommen und sein Maul aufreißen bis zu den Ohren.
1. Israelit:	Dann wird er wieder rufen: Warum tretet ihr nicht zum Kampf an? Warum schickt ihr keinen aus eurem Heer herüber, der gegen mich kämpft?
2. Israelit:	Achtung! Bei den Philistern werden die Wachen abgelöst.
3. Israelit:	Die Soldaten treten an!
	(In der linken Spielecke erscheint Herold 1.)
1. Herold:	Hier ist das Heer der Philister. Und ihr seid das Heer der Israeliten. Wollt ihr den Kampf?
	(Herold 2 kommt.)
2. Herold:	Warum sollen die ganzen Heere kämpfen? Einer auf jeder Seite genügt! Goliath kämpft für euch Philister. Wer kämpft für euch Israeliten?
	(Goliath kommt.)
Goliath:	Ihr Israeliten, ihr Angsthasen! Schickt einen her, der gegen mich kämpft! Aber ihr habt ja keinen. Ihr seid alle feige. Euch fehlt allen der Mut, gegen mich zu kämpfen.
	(Israeliten gehen einen Schritt zurück; sprechen mit ängstlicher Stimme:)
1. Israelit:	Er ist groß.
2. Israelit:	Er ist stark.
3. Israelit:	Er ist riesig groß und gut gerüstet.
1. Israelit:	Was sollen wir tun?
2. Israelit:	Ich habe Angst.
3. Israelit:	Kommt, wir gehen zum Hauptmann.
	(Israeliten gehen ab. Goliath ruft hinter ihnen her:)
Goliath:	Ihr Israeliten! Ihr Angsthasen! Ihr Feiglinge!
	(Goliath, Herold 1 und 2 treten ab.)

2. SZENE *(David steht in der Mitte der Spielfläche.)*

David: Der Herr, unser Gott, sorgt für mich wie ein Hirte für seine Schafe. Darum fürchte ich kein Unheil. Gott beschützt mich auf all meinen Wegen.

(Isai kommt aus der rechten Spielecke.)

Isai: David! Komm her, ich habe einen Auftrag für dich.

David: Ja, Vater!

Isai: David! Geh hin zu deinen Brüdern. Sie müssen etwas zu essen haben. Bring ihnen dies Brot. Und sieh nach, wie es ihnen geht. Erkundige dich, wie es mit der Schlacht dort steht.

David: Ja, Vater. Ich will ausrichten, was du mir gesagt hast.

(David und Isai gehen ab.)

3. SZENE *(Israeliten 1–6 stehen an der rechten Spielseite.)*

4. Israelit: Wir werden Goliath nie besiegen.

5. Israelit: Er ist zu groß.

6. Israelit: Er ist zu stark.

1. Israelit: Achtung! Der Riese kommt.

(Goliath kommt von links. Ein Philister begleitet ihn.)

Goliath: Ihr Israeliten! Ihr Angsthasen! Schickt doch einen her, der gegen mich kämpft!

(David kommt aus der rechten Spielecke und stellt sich neben die Israeliten. Goliath spricht aber ohne Unterbrechung weiter.)

Goliath: Aber ihr habt ja keinen. Ihr seid alle feige. Ihr Angsthasen!

2. Israelit: Er ist zu mächtig.

3. Israelit: Wir werden ihn nie besiegen.

David: Wer ist denn dieser Philister, daß er uns verspotten darf? Wer uns verachtet, verachtet Gott.

4. Israelit: Aber er ist zu groß.

5. Israelit: Er ist zu stark.

6. Israelit: Wir müssen uns den Philistern unterwerfen.

David: Gott ist mit uns. Was sagt der König Saul zum Geschrei dieses Riesen?

1. Israelit: Wer ihn erschlägt, den macht der König reich.

2. Israelit: Dem gibt der König seine Tochter zur Frau.

3. Israelit: Das hat Saul versprochen.

4. Israelit: Und Saul ist König.

5. Israelit: Saul hält, was er verspricht.

6. Israelit: Aber wer soll schon Goliath erschlagen?

1. Israelit: Das schafft ja keiner.

2. Israelit: Wir müssen uns den Philistern unterwerfen!

David: Habt ihr wirklich Angst vor dem Philister? Ihr laßt euch von ihm verspotten? Wer uns verspottet, der verspottet Gott. Gott aber ist stärker als dieser Philister. Warum habt ihr kein Vertrauen zu Gott? Gott läßt uns nicht umkommen!

3. Israelit: David, du bist noch jung!

4. Israelit: Du bist kein Soldat.

5. Israelit: Du hast keine Erfahrung.

6. Israelit: Und er hat doch solchen Mut!

1. Israelit: David, komm wir gehen mit dir zum König.

(Soldaten gehen mit David ab. Goliath und Begleiter auch ab.)

4. SZENE *(König Saul in der Mitte. Israelit 2 und David kommen von links.)*

2. Israelit: König Saul! Hier ist David, der Hirte. Er ist zwar noch jung, aber David hat Mut.

David: König Saul! Laßt den Mut nicht sinken. Gebt die Hoffnung nicht auf. Ich will gegen Goliath kämpfen.

Saul: Das geht nicht. Du bist zu jung. Du hast nur Schafe gehütet. Aber Goliath ist ein Soldat. Goliath ist ein geübter und erfahrener Soldat. Nein, David. Das geht nicht.

David: Ja, ich habe Schafe gehütet. Aber das ist auch nicht leicht. Oft kommt ein Löwe oder ein Bär und nimmt ein Schaf und trägt es weg. Und ich muß dann hinterher und den Löwen oder Bären erschlagen, damit das Schaf gerettet wird. Und diesem Philister soll es genauso ergehen. Er hat uns verspottet. Er hat Gott verspottet. Ich werde gegen ihn kämpfen. Der Herr, unser Gott, hat mich vor den Löwen und Bären gerettet. Er wird mir auch gegen Goliath helfen.

Saul: Geh hin. Der Herr steh dir bei. Der Herr rette dich. Der Herr sei mit dir.
Aber nimm zur Vorsicht meinen Helm, meine eiserne Rüstung und mein Schwert. Goliath ist gut gerüstet.

(David nimmt die Gegenstände an. Sie sind zu schwer.)

David: Ich kann mit deinen Waffen nicht umgehen. Ich habe keine Übung. Hier, nimm deine Waffen zurück. Mein Hirtenstab und meine Schleuder genügen für den Kampf.

(David gibt die Gegenstände zurück. David, Saul und die Israeliten gehen nach links ab.)

5. SZENE	*(Philister stellen sich links auf. Licht kommt langsam hoch.)*
1. Philister:	Seht, die Israeliten haben sich in ihre Löcher verkrochen.
2. Philister:	Bald gehören ihre Zelte uns.
3. Philister:	Wir werden sie über die Berge jagen.
4. Philister:	Und ihre Waffen gehören uns.
	(Israeliten rechts. Herold 1 tritt aus den Reihen der Philister vor.)
1. Herold:	Hier ist das Heer der Philister. Und ihr seid das Heer der Israeliten. Wollt ihr den Kampf? *(Herold 2 tritt vor.)*
2. Herold:	Unser Kämpfer kommt! Goliath kämpft für die Philister. Wer kämpft für euch Israeliten?
	(Goliath kommt von links vorne. Philister weichen zurück. David von rechts aus dem Hintergrund. Beide gehen aufeinander zu.)
Goliath:	Was will dieser kleine Junge hier? Will der etwa gegen mich kämpfen? Macht mich nicht zornig! Was willst du mit diesem Hirtenstab? Bin ich ein Hund, daß du mit dem Stock zu mir kommst? Aber komm nur her! Ich will dir's schon zeigen! Den Vögeln unter dem Himmel und den Tieren auf dem Feld will ich dein Fleisch zu fressen geben.
David:	Du brauchst dein Schwert und eine Lanze und einen Spieß. Sonst kannst du nicht kämpfen. Sonst bist du verloren. Ich aber habe Gott den Herrn auf meiner Seite. Du hast Israel verspottet. Du hast Gott verspottet. Er wird für mich kämpfen. Er wird mich erretten und mit mir das ganze Heer Israels. Ich werde dich schlagen und mit dir das ganze Heer der Philister. Alle Welt soll merken, wer der Herr ist. Unser Gott ist stärker als Schwert, Lanze und Spieß. Er wird euch auch ohne solche Waffen vernichten. So mächtig ist Gott der Herr. Alle Welt soll das merken.
	(Goliath kommt immer näher.)
Goliath:	Du willst mich besiegen, Wicht? Ha, ha, ha!
Alle Philister im Chor:	Goliath! Kämpf mutig, frei. Götter stehn den Starken bei!
	(David schleudert einen Stein gegen Goliaths Stirn. Goliath taumelt und fällt mit dem Kopf über die vordere Spielbrüstung.)
2. Israelit:	Schaut den kleinen David, schaut! *(Alle Philister fliehen.)*
Israeliten singen im Chor:	»Gott hilft nicht dem starken Krieger, nein, der Schwache ist sein Sieger!«
	(in: »111 Kinderlieder zur Bibel«, Verlage Kaufmann / Christophorus)

Heinrich Welter

Fünf Brote – zwei Fische

Ein Puppenspiel zu Johannes 6: Die Speisung der Vielen

SPIELER: Benni / Motzi / Maxi

Stab- oder Handpuppen

Benni: *(kommt außer Atem angerannt):* Also Motzi, Maxi, also so was hab ich ja noch nie erlebt!

Motzi: Nun mal schön langsam. Kannste das nicht vernünftig sagen? Kommt einfach daher und stört uns! Und gerade wo ich was sagen wollte.

Maxi: Mach mal halblang, Motzi. – Erzähl mal Benni, was gibt's denn so Tolles?

Benni: Hört zu, so was gibt's gar nicht! Unvorstellbar, sagenhaft! Die Leute waren außer sich! Alle satt! Also nee, da kommste nicht mehr mit!

Motzi: Nun hör schon auf, hier rumzureden. Erzähl endlich!

Benni: Also, ich war einkaufen.

Motzi: Was, du kleiner Knirps einkaufen? Da lachen ja...

Maxi: Sei endlich ruhig und laß Benni erzählen, du Meckerer.

Benni: Ich kauf' also ein für die ganze Familie. Fünf Gerstenbrote, ganz frische. – Ich knabbere dann immer schon so ein bißchen an der Kruste. Mag ich unheimlich gern, so ganz frisch.

Motzi: *(zornig)* Mach weiter!

Benni: Tja, und außer den fünf Broten hatte ich zwei Fische, ganz frische. – Als ich die große Straße vom See Tiberias ins Gebirge überqueren will, wundere ich mich über die vielen Leute, die da unterwegs sind. Sonst gehen da selten Leute her und jetzt – hunderte, tausende...

Maxi: zehntausende, hunderttausende... Übertreibst du nicht ein bißchen?

Benni: Nein wirklich, ganz viele waren es, die da zu der großen Wiese gingen. Wißt ihr, die Wiese, wo ich auch mal mit unserer Schafherde geweidet habe. – Ich natürlich auch dahin...

Motzi: Natürlich, neugierig...

Benni: Ja, ich war neugierig und das war auch gut so. Sonst hätte ich den Mann gar nicht kennengelernt.

Maxi: Was für'n Mann, Benni?

Benni: Erst hab ich ihn gar nicht gesehen. So viele Leute waren da. Aber die guckten alle in eine Richtung. Da hab ich ihn dann auch gesehen, als ich auf einem Felsbrocken stand. Und ich hab ihn gehört...

Maxi: Wie hieß er denn?

Motzi: Hat er bestimmt vergessen – der vergißt doch immer alles!

Benni: Hab ich nicht vergessen! Jesus hieß er, Jesus und aus Nazareth kommt er. Die Leute haben ihm zugehört, ganz still. Er hat gesagt, daß jeder für Gott viel wert ist, die Großen und die Kleinen. Auch wir Kinder; stell dir das vor!

Maxi: Und dann bist du wieder weg mit deinem Korb.

Benni: Im Gegenteil, ich bin nach vorne, da konnte ich ihn doch besser sehen. War ganz schön schwierig mit dem großen Korb an den vielen Leuten vorbei. Aber ich hab's geschafft.

Motzi: Hast du denn keine Angst gehabt?!

Benni: Angst kriegte ich, als plötzlich einer auf mich zukam, ein Riesenkerl.
Andreas hieß er, wie ich später hörte, ein Bruder vom Fischer Petrus. – Der sagte zu mir: »Komm, Benni, unser Herr Jesus braucht was von dir.«

Maxi: Und da bist du mitgegangen zu diesem Jesus?

Benni: Ja, ich weiß auch nicht, was mit mir los war. Ich bin mitgegangen. Als ich bei ihm war, hat er die Hand auf meinen Kopf gelegt und mich gesegnet. – Ich hatte überhaupt keine Angst mehr.

Motzi: Und was wollte der nun von dir? Dein Brot, was? Hatte Hunger, dieser Jesus.

Benni: Ja, er bat mich um die Brote und die Fische. – Ich hab sie ihm gegeben. – Und dann kam das Tolle.

Maxi: Was, noch mehr? Mensch, da wäre ich gerne dabeigewesen.

Benni: Also, ein Teil der Leute war wohl schon den ganzen Tag da – die hatten natürlich Hunger. Und er, dieser Jesus...

Motzi: Ha, natürlich, er hat sich deine Brote und die Fische geschnappt und hat erst mal ordentlich gegessen. Da mußten die anderen in die Röhre gucken. Ganz schön schlau, dir die Brote abzuknöpfen und sie zu essen...

Benni: Aber er hat doch gar nicht zuerst davon gegessen! Er hat die Brote geteilt. Es war mucksmäuschenstill. Dann hat er den

Jüngern gegeben, die haben sich etwas genommen, und den größeren Teil weitergereicht. Und jeder hat geteilt, hat etwas genommen und das Übrige weitergegeben.

Maxi: Na Benni, übertreibst du nicht etwas? So viele Leute, da kriegt doch jeder von dem Brot nur einen Krümel?!

Benni: Nein, alle haben geteilt ... und ... und ... das Brot wurde nicht alle.

Maxi: Schummelst du auch nicht? Gib dein Ehrenwort!

Benni: Ehrenwort! Alle haben geteilt und sind sattgeworden. – Und zum Schluß waren noch 12 Körbe mit Brotbrocken übrig.

Maxi: *(ganz aufgeregt):* Das ist er, das ist er!

Motzi: Das ist wer?

Maxi: Das ist der Bote Gottes, der uns retten soll, der neue König!

Benni: Das haben die Leute auch gesagt. – Sie wollten ihn zum König machen. Aber da ist er weggegangen, ins Gebirge. Keiner weiß, wo er jetzt ist, und alle wollen ihn doch nochmal hören.

Motzi: Na, und zu Hause, da hast du doch sicher ordentlich Dresche gekriegt. Da hat dich deine Mutter doch sicher übers Knie gelegt?

Benni: Nein, ich hatte zwar Angst, aber ich hab ihr ganz ehrlich alles erzählt. Und sie hat gesagt: Es ist gut! Sie hat nicht geschimpft. Und zu essen hatten wir auch genug. Zwölf Körbe mit Brotbrocken waren noch übriggeblieben. Zwei davon konnte ich mit nach Hause nehmen.

Maxi: Mensch, den muß ich unbedingt auch mal sehen und hören.

Motzi: Ja, Maxi, morgen treffen wir uns wieder hier. Da hören wir uns mal um, ob keiner weiß, wo dieser Jesus ist. Den müssen wir unbedingt kennenlernen.

Karl-Heinz Tackenberg

Josef

Ein Puppenspiel zu 1 Mose 37

SPIELER: Josef / seine 11 Brüder / Jakob / ein Mann / zwei Händler
Stabpuppen

Josef: Regen gibt dem trocknen Land neues Leben wieder. Freundlichkeit, von Gott gesandt, schenkt uns neue Lieder.

Benjamin: Josef! Josef, komm und spiel mir auf deiner Flöte die kleine Melodie zum Träumen.

Josef: »Träumer leben gefährlich«, hat er gerufen, dann ist er weggerannt.

Benjamin: Wer ist weggerannt?

Josef: Ich weiß es nicht. Gestern, ich saß am Brunnen und spielte auf meiner Flöte. Plötzlich flog ein Stein durch die Luft an meinem Kopf vorbei und fiel dicht neben mir ins Gras. Ich sprang auf um nachzusehen wer geworfen hat. Da rief er: »Träumer leben gefährlich« und ich sah nur noch einen Schatten hinterm Gerätezelt verschwinden.

Benjamin: Wer hat gerufen?

Josef: Ich weiß es nicht. Er hatte seine Stimme verstellt. Ich habe ihn nicht erkannt.

Benjamin: Laß Josef. Laß! Die Brüder sind neidisch, weil du so ein schönes Kleid von unserem Vater Jakob bekommen hast und weil du ihre derben Spiele nicht mitmachst. Vater hat dich aber gern.

Josef: Ja, Vater hat mich gern. Aber die Brüder hassen mich.

Benjamin: Komm Josef! Komm, wir setzen uns wieder an den Brunnen. Gleich wird der Abendhimmel rot und du spielst mir dann die kleine Melodie zum Träumen.

Josef: Ja, Benjamin, ich komme mit.

(Josef und Benjamin nach rechts ab. Licht schwach. Rot im Hintergrund langsam auf. Hirtenmelodie. Alle Brüder kommen von links.)

Gad: Brüder, hört ihr?! Der Träumer träumt im Abendrot.

Simeon: Abwarten, dem vergehen noch die Träume!

Levi: Bei der nächsten Gelegenheit treiben wir ihm die Träume aus!

Einige: Ha, ha, ha!

Gad: Das Wetter wird gut. Ich wette, morgen ziehen wir mit den Herden nach Norden. Grün und saftig steht dort das Gras in den Tälern.

Simeon: Ob Josef mit uns die Schafe hütet?

Levi: Wie kann er schon mit seinem neuen bunten Ärmelkleid die Schafe hüten?

Gad: Aber wir dürfen wieder unsere Ärmel hochkrempeln und die Dreckarbeit verrichten.

Ruben: Du hast ja recht, aber Vater will, daß er hierbleibt.

Simeon: Vaters Liebling! Immer bekommt Josef seine Wünsche erfüllt. Lange sehe ich mir das nicht mit an.

Alle singen im Chor:

Text: Gerti Eberhard; Melodie: Werner Pollmann
Aus: K. H. Bartels, D. Steinwede, R. Ziegler, I. Behr, »Werkbuch biblische Geschichte für Kindergottesdienst und Schule«, Band 3; Verlag Vandenhoeck & Ruprecht, Göttingen

(Josef kommt.)

Naphthali: Der Träumer kommt!

Josef: Schalom!

(Die Brüder schweigen.)

Sebulon: Bruderherz! Bringst du uns eine neue Kunde?

Josef: Hört meinen Traum! – – –

(Ein Plakat mit dem Bild von diesem Traum wird an der Hintergrundkulisse hochgehalten.)

Wir arbeiten auf dem Feld. Wir binden Getreide in Garben. Da richtet sich meine Garbe auf und bleibt aufrecht in der Mitte stehen. Eure Garben aber stellen sich ringsherum und verneigen sich vor meiner Garbe.

Dan: Was soll das heißen?

Naphthali: Willst du unser König werden?

Sebulon: Sollen wir dir dienen?

Dan: Willst du über uns herrschen?

Naphthali: Sollen wir vor dir im Dreck liegen?

Sebulon: Niemals!

Dan: Wir treiben dir deine Träume noch aus!

(Jakob kommt.)

Jakob: Was soll das Geschrei?

Ruben: Dein Sohn hat uns seinen neuesten Traum erzählt.

Josef: Ja, aber ich hatte noch einen anderen Traum!

Gad: Behalt ihn für dich!

Jakob: Nein. Erzähl! Ich möchte wissen, warum deine Brüder sich so aufregen.

Josef: Mir träumte:

(Bild vom Traum wird hochgehalten.)

Die Sonne, der Mond und elf Sterne verbeugten sich vor mir.

Jakob: Was ist das für ein Traum?! Sollen wir alle, ich, deine Mutter und deine Brüder kommen und vor dir niederfallen?

Ruben: Das ist es. Er will immer die Hauptperson sein.

Juda: Er will immer im Mittelpunkt stehen.

Simeon: Wir werden ihm seine Träume noch austreiben.

Jakob: Schweigt! –
Josef! Deine Träume sind seltsam und merkwürdig zugleich. Ich werde über sie nachdenken. Josef, komm jetzt mit mir! –

(Jakob und Josef ab.)

Levi: Habt ihr das gehört? Unser Vater will über seine Träume nachdenken!

Ruben: Unser Vater soll sich vor ihm verbeugen. Unglaublich!

Gad: Unerhört! Josef will unser König sein!

Alle singen im Chor: Hört den Träumer, bald ist er ein König.
Selbst der Vater soll sich vor ihm beugen!
Übertreibt er – und das nicht zu wenig –
nun, dann wollen wir's ihm einmal zeigen.
Er besitzt ein feines Kleid, wie ein Herr, mit Ärmeln weit.
Er ist Jakobs Augenstern, und wir andern stehen fern.
Wir sehn nicht zu! (Melodie: s. o.)

(Licht weg. Brüder ab. – Licht kommt. Jakob und Ruben rechts.)

Jakob: Ruben, die Regenzeit ist vorbei. Nimm deine Brüder und zieh mit den Herden nach Sichem. Grün und saftig steht um diese Jahreszeit das Gras dort auf den Weideplätzen. Von Zeit zu Zeit schickst du mir einen der Knechte, damit ich erfahre, wie es euch und den Herden geht.
Josef und Benjamin bleiben hier.

Ruben: Ja, Vater. Es wird alles nach deinem Willen geschehen.

Jakob: Schalom!

Ruben: Schalom.

(Jakob ab. Brüder kommen von links.)

Gad: Na, hab ich recht gehabt? Wir ziehen mit den Herden nach Norden.

Ruben: Brüder, sagt den Knechten Bescheid. Morgen, vor Sonnenaufgang, ziehen wir mit unseren Herden nach Sichem.

Simeon: Und Josef?

Ruben: Josef bleibt hier. Der Vater will es so.

Levi: Gemeinheit!

Gad: Wir müssen arbeiten und Vaters Liebling darf sich schöne Tage machen.

Ruben: Schweig! Wir werden dem Wort unseres Vaters gehorchen.

dann Alle: *(singen)* Josef, Josef, immer heißt es: Josef! –
Sind wir denn nicht alle Jakobs Söhne?
Diesen Träumer, unsern Bruder Josef,
den kann unser Vater nur verwöhnen.
Ruben, Levi, Simeon, Juda, Dan und Sebulon,
Issachar, Gad, Naphthali, Asser und auch Benjamin.
Wir sehen zu! (Melodie: s. o.)

(Brüder ziehen singend ab. Licht weg. Abendlicht kommt. Jakob und Josef rechts.)

Jakob: Siehst du die Wolken?

Josef: Ja!

Jakob: Sie ziehen zum weiten Meer. – Und hinter den Bergen liegt Sichem. – Wie mag es den Brüdern, wie mag es den Herden gehen?
Josef, du bist kein kleines Kind mehr. Morgen, in aller Frühe, gehst du nach Sichem. Sieh nach, wie es deinen Brüdern und den Herden geht.
Dann komm zurück und bring mir eine Nachricht.

Josef: Ja, Vater, ich bin bereit.

Jakob: Rüste dich gut. Der Weg ist weit. Nimm deine Reisetasche und deinen Stab. Gott sei mir dir auf deinem Weg.

Josef: Danke, Vater Jakob.

(Licht weg. Jakob und Josef ab. Licht kommt. Josef mit Reiseausrüstung von links. Ein Mann in der Mitte.)

Ein Mann: He, Junge! Wen suchst du?

Josef: Ich suche meine Brüder! Sie hüten die Herden meines Vaters. Kannst du mir sagen, wo sie sind?

Ein Mann: Sie sind von hier weggezogen. Ich hörte sie sagen: »Wir wollen nach Dothan gehen. Das Weideland ist dort noch gut!«

Josef: Und Dothan liegt im Norden?

Ein Mann: Ja. Durch die Täler zur Ebene hin sind sie gezogen.

Josef: Ich danke dir. Leb wohl.

Ein Mann: Leb wohl.
(Josef geht nach rechts. Licht weg. Mann ab. – Abendlicht.)

Asser: Wen sehen meine müden Augen da im Abendlicht durch die Steppe stolpern?

Issachar: Unser Prinz!

Asser: Da schau her! Der Träumer mit dem bunten Ärmelkleid kommt zu uns!

Issachar: Jetzt hat seine letzte Stunde geschlagen.

Asser: Wir bringen ihn um!

Issachar: Mal sehen, was dann aus seinen Träumen wird?

Naphthali: Wir schlagen ihn tot und verscharren seine Leiche im Sand der Steppe!

Sebulon: Jetzt rechnen wir mit ihm ab!

Dan: Wir werden uns nicht vor ihm verbeugen!

Naphthali: Wir schlagen ihn tot!

Ruben: Nein!

Juda: Tötet ihn nicht!

Ruben: Wir dürfen ihn nicht töten! Nein, wir dürfen das Blut unseres Bruders nicht vergießen. Auch das verscharrte Blut schreit zum Himmel und wird uns anklagen.

Juda: Tötet ihn nicht!!

Ruben: Vergießt nicht sein Blut! Werft ihn dort in den trockenen Brunnen. Aber tötet ihn nicht!

(Josef kommt. Brüder stehen finster und drohend vor ihm.)

Josef: Schalom!

Brüder: – – – *(sie erwidern seinen Gruß nicht.)*

Josef: Friede sei mit euch! Ich bringe Nachricht vom Vater.

Sebulon: Friede?! Daß ich nicht lache!

(Stumm und drohend kommen die Brüder auf Josef zu.)

Josef: Was habt ihr vor?

(Josef geht einige Schritte zurück.)

Dan: Rache!

(Alle heben die Faust. Brüder umringen Josef, reißen ihm das Kleid vom Körper und schlagen ihn.)

Josef: Was habe ich euch getan?

(Brüder stoßen Josef zum Brunnen. Ruben geht weg.)

Gad: So, jetzt sollst du deinen Frieden haben! Hinein mit dir!

(Sie stoßen ihn in den Brunnen.)

Simeon: Dem haben wir die Flötentöne beigebracht! Jetzt habe ich eine durstige Kehle. Wo ist die Flasche?

Levi: Hier ist auch noch Brot!

Gad: Und diesen Angeber sind wir los.

(Eine Flasche wird rundgereicht.)

Simeon: Und wo ist Ruben?

Levi: Unser großer Bruder hat sich dünn gemacht.

(Geräusche von Kamelen und Treibern.)

Asser: Hört! Was kommt da durch die Nacht?

Issachar: Eine Karawane!

Asser: Eine Karawane auf dem Weg ins ferne Land Ägypten.

Issachar: Ägypten! Das Land der Herren und der Sklaven.

Naphthali: Sklave!

Sebulon: Freilich! Das ist die Idee! Was haben wir davon, wenn wir Josef umbringen? Wir verkaufen ihn diesen Händlern. Dann bleiben unsere Hände rein vom Blut unseres Bruders.

Dan: He, Händler! Wieviel gebt ihr für einen jungen Sklaven?

1. Händler: Ist er stark?

2. Händler: Ist er flink?

Naphthali: Im Gesicht ist er etwas verkratzt. Aber das gibt sich wieder.

Sebulon: Dumm ist er nicht und kräftig wird er schon, wenn er tüchtig an die Arbeit gestellt wird.

Dan: Simeon! Levi! Holt den Träumer her!

(Josef wird gebracht.)

2. Händler: 20 Silberlinge gebe ich für den. Mehr nicht!

(Die Brüder stoßen Josef zu den Händlern.)

Josef: Brüder! Was habt ihr vor?

Naphthali: Halts Maul!

Sebulon: Abgemacht, 20 Silberlinge!

Josef: Aber ich bin doch euer Bruder!

Dan: Bruder hin, Bruder her – du bist ein blöder Angeber.

Josef: Simeon, hör mich doch an! Ihr könnt mich nicht verkaufen!

1. Händler: Bindet ihn! Schnell. Wir müssen weiter!

(Josef wird gebunden. Sebulon bekommt einen Geldbeutel. Händler ziehen mit Josef ab.)

Alle singen im Chor:
Ha, verschwunden ist der Bruder Josef!
Jetzt sind wir alleine Jakobs Söhne.
In die Fremde schleppt man nun den Josef,
da hilft ihm kein Jammern und kein Stöhnen.
Levi, Juda, Simeon, Asser und auch Sebulon.
Issachar, Gad, Naphthali, Dan und alle rufen sie:
Den sind wir los! (Melodie: s. o.)

Naphthali: Wir teilen ehrlich. Jeder bekommt zwei Silberlinge. Und wo ist Ruben?

(Licht weg. Brüder ab. Licht kommt schwach. Ruben am Brunnen.)

Ruben: Josef! Josef, hörst du mich? Ich habe ein Seil geholt. Ich werfe dir jetzt das eine Ende hinunter. Du legst es unter deinen Armen durch und bindest es vor der Brust zusammen. *(Ruben spricht leiser:)* Dann ziehe ich dich heraus und bringe dich zum Vater. –
Josef, hörst du mich? Josef! Josef?

(Pause)

Josef ist nicht mehr da!

Heinrich Welter

Oh, ist unser Bauer dumm!

Puppenspiel zum Gleichnis vom vierfachen Acker (Markus 4)

SPIELER: Ochse und Esel

Tierhandpuppen

Ochse: Oooh, ist unser Bauer dumm.

Esel: *(ironisch)* Dumm wie ein Ochse!

Ochse: Erlaube mal – das ist eine Beleidigung!

Esel: Richtig. Es ist eine Beleidigung, unseren Bauer dumm zu nennen.

Ochse: Mit einem Esel wie dir streite ich nicht. – Aber sieh dir doch an, wie dumm der sich beim Säen anstellt!

Esel: Ja – und da denkst *du* natürlich gleich an das viele Fressen, das dabei rauskommt...

Ochse: Ich denke gar nicht daran. Es ist auch zwecklos daran zu denken; denn dabei kommt gar nichts raus – so wie der sät!

Esel: Und wie sät er?

Ochse: Er wirft das Korn einfach auf den Boden.

Esel: Wohin soll er's denn sonst werfen? Etwa dir ins große Maul, damit du es gleich fressen kannst?

Ochse: Vielleicht wäre das günstiger. So, wie der das macht, haben nur die Vögel was davon. Sieh doch: er wirft es da auf den Weg, der ganz festgetrampelt ist... Und jetzt kommen die Vögel und fressen die Körner. – Oooh wie dumm ist unser Bauer!

Esel: Höchstens ein bißchen dumm, daß es da hinfällt. Das andere fällt woanders hin und wird was werden!

Ochse: Ha! Wenn du nicht so furchtbar faul wärst, Esel, sondern so fleißig wie ich – wenn du also wie ich schon mal vor dem Pflug gegangen wärst, dann hättest du unter deinen Füßen gespürt, daß der Ackerboden ganz dünn ist – darunter sind dicke Steine und Felsen.

Esel: Na – und? Ob dünner oder dicker Ackerboden ist doch egal...

Ochse: So kann nur ein Esel reden! Aus dem Korn wird nichts – es geht auf, aber es kann nicht wachsen auf dem Felsen. Alles umsonst gesät! – Ich sag ja: Unser Bauer ist dumm...!

Esel: Du wiederholst dich, Ochse. – Es wäre besser, du nähmst nicht so viele Worte in den Mund, sondern irgendwas Grünes in dein großes Maul – zum Beispiel da das bißchen Unkraut …

Ochse: Ochsen sind geduldig. Sie können warten. Ich beispielsweise warte, bis es mehr wird. Und es wird bald mehr sein – genau da, wo unser Bauer jetzt hinsät. Ich kenne den Boden: da wächst massenhaft herrliches Unkraut, dick und fett. Ooh, ist unser Bauer dumm!

Esel: Jetzt reicht's! Unser Bauer kann säen, wo er will!

Ochse: O gewiß. Nur: Es ist dumm, die Körner dahin zu werfen, wo später Unkraut aufgeht. Das erstickt nämlich die heranwachsenden Getreidepflanzen. Alles umsonst gesät!
Oooh, ist unser Bauer dumm! – Ich kann es einfach nicht mehr mit ansehen!

Esel: Dann guck doch weg.

Ochse: Wohin?

Esel: Guck einfach mich an.

Ochse: Obwohl du alles andere als ein reizvoller Anblick bist: Immer noch besser, als einen dummen Bauern zu sehen, der die Körner einfach so rumwirft.

(Ochs dreht den Kopf dem Esel zu und blickt ihn an. – Pause.)

Ochse: Dein Anblick schläfert mich ein. Mir fallen die Augen zu. *(Er schläft ein.)*

Esel: *(singt nach der Melodie »Schlaf, Kindchen, schlaf«)*
Schlaf, Ochse, schlaf, und träum', o Ochse, brav. Da draußen geht der Sä-emann; das Korn das fängt zu wachsen an, dieweil der Ochs im Schlaf.
(Pause.)

Esel: *(plötzlich und laut)* I-ah!

Ochse: *(fährt hoch)* Oh, du hast mich erschreckt – du hast mich geweckt!

Esel: Du redest ja in Reimen, Ochse! – Aber darauf kannst du dir keinen Reim machen.

Ochse: Worauf?

Esel: Auf das, was du siehst, wenn du auf das Feld schaust.

Ochse: Oh, ich kann mir's denken: Festgetretene Wege, wo nichts wächst. Felsenboden, wo nichts wächst: Unkrautland, wo nichts wächst. Ooh, ist unser Bauer …

Esel: … ein reicher Mann. Das wolltest du doch sagen, oder?

Ochse: Dummes Zeug! Wo nichts wächst, kann man nicht ernten, und da bleibt man arm.

Esel: Dann schau mal, Ochse, schau mal hin!

Ochse: *(dreht den Kopf zum Feld – schaut)* Muooooh!

Esel: Siehst du, unser Bauer ist nämlich nicht dumm. Der hat voller Hoffnung einfach überall gesät, und da ist eben auch einiges auf gutes Land gefallen – und ganz groß aufgegangen – ganz groß!

Ochse: Ganz groß!!!

Esel: Gaaanz dicke Ähren – Riesenähren – Superähren mit viiielen Körnern drin!

Ochse: Tatsächlich. Das ist ja unglaublich!

Esel: Ja. – Unser Bauer ist trotzdem dumm.

Ochse: Na hör mal!

Esel: Ja doch: er ist dumm! Wie kann er sich nur einen so hoffnungslos dummen Ochsen halten wie dich!

Jürgen Koerver

V. Hilfreiche Literatur

Eine Auswahl

Kurt Schreiner, »Puppen und Theater; Herstellung, Gestaltung, Spiel«, DuMont Taschenbuch Nr. 94, Köln, 2. Aufl. 1986
Ein Nachschlagewerk, das keine Fragen offenläßt.

P. K. Steinmann, »Theaterpuppen; ein Handbuch in Bildern«, Verlag Puppen und Masken, Frankfurt/M. 1980
Ein reich bebildertes Nachschlagewerk für das Bauen von Puppen und Bühnen.

Marlies Bachmann, »Puppenbau und Puppenspiel im Religionsunterricht der Grundschule«, Pädagogisch-theologisches Institut der Evang. Kirche im Rheinland (PTI), Akazienweg 20, 5300 Bonn-Bad Godesberg
Ein Heft, in dem die Verfasserin Hinweise zum Bauen und Spielen speziell für den Religionsunterricht gibt.

Werner Waldmann, »Handpuppen, Stabfiguren, Marionetten – gestalten, bauen, spielen«, Hugendubel-Verlag, München 1986
Für Marionettenfreunde zu empfehlen; sie finden hier viele Anregungen für den Bau.

Christa Anna Wittke, »Tiere – gestrickt als Handspielpuppen«, TOPP-Buchreihe Nr. 863, Frech-Verlag, Stuttgart, 10. Aufl. 1990 – dies., »Gestrickte Handspielpuppen«, TOPP-Buchreihe Nr. 776, Frech-Verlag, Stuttgart, 10. Aufl. 1991
Eine Fülle von reizvollen Anleitungen; verständlich beschrieben. Grundkenntnisse im Stricken sind jedoch Voraussetzung.

Margarete Luise Goecke-Seischab, »Miteinander kreativ sein; bildnerisches Gestalten in kirchlichen Kinder-, Jugend- und Erwachsenengruppen«, Verlage Kaufmann/Christophorus, Lahr 1988
Eine Fundgrube für bildnerische Techniken; mit Beispielen aus der Gemeindearbeit.

Weitere Literatur

Friedrich Arndt, »Puppenspiel ganz einfach; Puppenspiel mit einfachen Mitteln – besonders für Kindergarten, Schule und zu Hause«, Verlag Puppen und Masken 1980

Horst Beisl / Christiane Hoppe / Arno Schulz-Merkel / Rudolf Seitz (Hrsg.), »Puppen – Bau und Spiel im Kindergarten« (Schriftenreihe des Instituts für Frühpädagogik, München, Bd. 10), Auer-Verlag 1981

Hanspeter u. Ursula Bleisch, »Puppentheater – Theaterpuppen; Ein Werk- und Spielbuch«, AT Verlag Aarau (Schweiz) 1991

Gebhard und Cornelia Cherubim, »Handpuppen – Gestalten und spielen«, Edition Aragon Verlag Willi Klauke 1992

Brigitte Hannemann u. a., »Puppenspiel im Kindergarten«, Luchterhand Literaturverlag 1990^2

Johann Friedrich Konrad, »Puppenspiele mit Märchen; für Kindergarten, Schule und Gemeinde«, Reihe »GTB Kindergarten«, GTB 670, Gütersloher Verlagshaus 1988

Monika Neubacher-Fesser, »Fingerpuppen; mit Vorlagen in Originalgröße« (Brunnen-Reihe 52689), Christophorus Verlag

Friedrich Reinhardt, »Schattenspiele für Kinder; Modelle mit Musik«, Don Bosco Verlag, München 1984

Ursula Wölfel, »Du wärst der Pienek; Spielgeschichten, Spielentwürfe, Spielideen«, Anrich-Verlag, Mülheim/Ruhr 1973

▶ Wer sich intensiver mit Puppenbau und Puppenspiel beschäftigen will, erhält eine ausführliche und immer wieder aktualisierte Literaturliste bei:

Wilfried Nold
Theaterversand / Puppen und Masken
Eppsteiner Straße 22, 6000 Frankfurt/M. 1
Telefon 069/722083